中华文化元素
ZHONGHUA WENHUA YUANSU

冯天瑜　姚伟钧　主编

宫殿
GONGDIAN

王玉德　傅　玥　著

長春出版社
国家一级出版社
全国百佳图书出版单位

图书在版编目（CIP）数据

宫殿 / 王玉德，傅玥著．— 长春 ：长春出版社，
2016.12
（中华文化元素丛书 / 冯天瑜，姚伟钧主编）
ISBN 978-7-5445-4680-5

Ⅰ．①宫… Ⅱ．①王… ②傅… Ⅲ．①宫殿－古建筑
－中国 Ⅳ．①K928.74

中国版本图书馆 CIP 数据核字（2016）第 282215 号

宫　　殿

著　　者：王玉德　傅　玥
责任编辑：李春龙　胡　新
封面设计：王国擎

出　　版：長春出版社　　　　总编室电话：0431-88563443
地　　址：吉林省长春市建设街 1377 号　　　　发行部电话：0431-88561180
邮　　编：130061
网　　址：http://www.cccbs.net
制　　版：长春出版社美术设计制作中心
印　　刷：吉广控股有限公司

开　　本：787 毫米 ×1092 毫米　1/16
字　　数：145 千字
印　　张：18.5
版　　次：2016 年 12 月第 1 版
印　　次：2016 年 12 月第 1 次印刷
定　　价：58.00 元

总　序

一

由别具慧眼的长春出版社策划的本丛书，以蕴含中华文化元素的诸事象为描述对象，试图昭显中华文化的特质、流变和前行方向。

“元”意谓本源、本根，“素”意谓未被分割的基本质素，合为二字词“元素”，原为化学术语，本义是具有相同核电荷数（即相同质子数）的同一类原子的总称，如非金属元素氧（O）、金属元素铁（Fe），是组成具体自然物——氧化铁（Fe_2O_3）的基本质素。

作为化学术语的汉字词“元素”，由日本江户时代的兰学家宇田川榕庵（1798—1845）在所著《植学启原》（1834）和所译《舍密开宗》（1837）

中创制，是对荷兰语 grondstof 的意译。清末来华的美国长老派传教士丁韪良（1827—1916）在《格物入门》（1868）中创汉字词“原质”，意译同一西洋术语（英文为 element）。清末民初，汉字词“元素”自日本传入中国，逐渐取代“原质”。1915 年，中国科学社董事会会长任鸿隽（1886—1961）在《科学》杂志第一卷第二号上发表《化学元素命名说》，为中国较早使用“元素”一词的案例。[1]

在现代语用实践中，“元素”这一自然科学术语被广为借用，泛指构成事物的基元，这些基元及其组合方式决定事物的属性。“文化元素”指历史上形成并演化着的诸文化事象中蕴藏的富于特色、决定文化性质的构成要素。

本丛书论涉的“中华文化元素”，约指中华民族在千百年的历史进程中（包括在与外域文化的交融中）铸造的具有中国气派、中国风格、中国韵味的基本质素，诸如阴阳和谐、五行相生相克、家国天下情怀、民本思想、忧患意识、经验理性导引下的理论与技术、儒释道三教共弘的非排他性信仰系统、区别于拼音文字的形义文字及其汉字文化，等等。它们生长发育于中华民族生活方式、思维方式的运行之间，蕴藏于器物文化、制度文化、行为文化（风俗习惯）和观念文化的

①聂长顺，肖桂田：《近代化学术语元素之厘定》，《武汉大学学报》（人文科学版）2010 年第 6 期。

纷繁具象之中，并为海内外华人所认同。

二

文化的各个不同级次、不同门类包含着各具个性的中华元素。如水墨画的书画同源、墨分五色，武术的技艺合一、刚柔相济、讲究武德，园林的天然雅趣和“可居可游可赏”追求，民间风俗文化涵泳的吉祥、灵动、热烈、圆满，建筑中使用“中国红”（体现生命张力）、中轴线、对称与不对称美感，等等。

汉字及汉字文化是中华元素的一个案例。

世界各种文字都是从象形文字进化而来，多数文字从象形走向拼音，而汉字则从象形走向表意与表音相结合的“意音文字”，近有学者将汉字归为“拼义文字”，即注重语义拼合的文字：首先创造多个视觉符号作为表达万象世界的基本概念，然后将这些符号组合起来，用小的意义单位拼合成大的意义单位，表达新事物、新概念。①

自成一格的汉字创发于中国，是世界上仅存的生命力盎然的古文字，它主要传播于东亚，成为东亚诸国间物质文化、制度文化和精神文化互动的语文载体。在古代，中国长期是朝鲜、

①张学新:《汉字拼义理论：心理学对汉字本质的新定性》,《华南师范大学学报》(社会科学版)2011年第4期。

日本等东亚国家的文化供给源地；至近代，日本以汉字译介西方文化，成效卓异，日制汉字词中国多有引入。汉字在汉字文化圈诸国所起的作用，相当于拉丁文在欧洲诸国所起的作用，故有学者将汉字称为“东亚的拉丁文”。汉字是中华文化系统中影响最为深远广大的文化符号。

20世纪初，日本学者内藤湖南（1866—1934）提出“中国文化圈”概念，指以中国为文化源及受中国文化影响的东亚地区，日本是“中国文化圈的一员”，他在《中国上古史》中说：“所谓的东洋史，就是中国文化发展的历史”，是以汉字为载体的中国文化在东亚地区传播的历史。[①]此论阐发了汉字这一中华元素在东亚文化圈的重要意义。

中国人在20世纪30年代即对日本学者提出的东洋文化史观做出回应，傅斯年（1896—1950）在1933年著《夷夏东西说》，概括东亚文化的特别成分：

> 汉字、儒教、教育制度、律令制、佛教、技术。[②]

这是中国学者对东亚文化圈的要素即“中华元素”做出的提取。

承袭内藤说，日本的中国史学家西嶋定生

①［日］内藤湖南：《中国上古史》，《内藤湖南全集》卷十，东京：筑摩书房，1997年。

②傅斯年：《夷夏东西说》，《中央研究院历史语言研究所集刊》外编第一种，1933年。

（1919—1988）在二战后所著《东亚世界与册封体制——6—8世纪的东亚》中指出，东亚世界存在一个以中国为册封中心，周边诸国（日本、朝鲜）为册封对象的“册封体制”，从而提出东亚地区的一种“文化圈”模型。西嶋定生在《东亚世界的形成》中概括汉字文化圈的诸要素（或称“中华元素”）：

> 一、汉字文化，二、儒教，三、律令制，四、佛教等四项。其中，汉字文化是中国创造的文字，但汉字不只使用于中国，也传到与其语言有别又还不知使用文字的邻近诸民族……而其他三项，即儒教、律令制、佛教，也都以汉字作为媒介，在这个世界里扩大起来。[①]

1985年，法国汉学家汪德迈在《新汉文化圈》一书中论述“汉文化圈”的特点：

> 它不同于印度教、伊斯兰教各国，内聚力来自宗教的力量；它又不同于拉丁语系或盎格鲁－撒克逊语系各国，由共同的母语派生出各国的民族语言，这一区域的共同文化根基源自萌生于中国而通用于四邻的汉字。[②]

①［日］西嶋定生：《东亚世界的形成》，参见刘俊文主编，高明士等译：《日本学者研究中国史论著选译》第二卷，中华书局1993年，第88页。

②［法］汪德迈：《新汉文化圈》，陈彦译，江西人民出版社1993年，第1页。

这里着重表述“中华元素”之一种——汉字的功能，汉字深刻影响东亚人的思维方式和表达方式，使汉字文化圈成为一个有着强劲生命活力的文化存在。

三

“中华元素”并非凝固不变、自我封闭的系统，它具有历史承袭性、稳定性，因而是经典的；具有随时推衍的变异性、革命性，因而又是时代的，2008 年北京奥运会开幕式表演突显四大发明，2010 年上海世博会中国馆采用中国红，皆为古老的中华元素的现代展现；中华元素是在世界视野观照下、在与外域元素（如英国元素、印度元素、日本元素、印第安元素）相比较中得以昭显的，故是民族的也是国际的，是中国的也是世界的。美国好莱坞动画片《功夫熊猫》《花木兰》演绎中华元素并获得成功，便是一个例证。

文化元素并非游离于文化事象之外的神秘存在，它们从来都与民族、民俗、民间的文化实践相共生，始终附丽并体现于器物、制度、风俗诸方面的具体文化事象和文化符号之中。中华元素之于文化事象，如魂之附体，影之随形，须臾不可分离。从诸文化事象（如江南园林、八大菜系、春节中秋等节庆、书画篆刻、昆曲京剧、武当少林功夫）的生动展现中提取中华元素的魂魄，昭显大众喜闻乐见的文化符号（如深蕴和谐精义的太极八卦图，代表四方、四季的“四灵”——青龙、白虎、朱雀、玄武，代表中央的麒麟）包蕴的精义，是本丛书的使命。

本丛书由阐发体现中华元素的若干文化事象（如园林、饮食、节庆、书画、宫殿、戏曲、服饰、汉字、武术、钱币、宗族、书院、姓名、茶等）的系列作品组成。

中华元素是构建当代中国文化及其核心价值体系的基本成分之一，是塑造国家形象、提升国民精神的重要资源。开掘并弘扬中华元素，有助于加深中国文化对国人的感召力、亲和力，增强历史敬畏感和时代使命感，提升民族自信心和文化传承创新的自觉性。

抉发中华元素还有一层意义：通过蕴藏中华元素的文化事象、文化符号，彰显可亲可敬的中国风格，奉献给异域受众，增进国际传播，推动中国文化“走出去”。

本丛书的选题及其撰写沿着“即器即道”的文化史路数，避免一味虚玄论道，也不停留于文化现象的就事论事，而追求道器结合——于形下之器透现形上之道，又让形上之道坐实于形下之器，使中华元素从文化事象娓娓道来的展示中得以昭显。

冯天瑜

2016 年 10 月

于武汉大学中国传统文化研究中心

前　言

一代规模成往迹，千秋兴废逐流波。

宫墙断缺迷青锁，野水湾环剩玉河。

这是康熙皇帝巡游南京时，见到洪武时期的宫殿只剩下颓垣残墙时而写下的《怀古诗》。人事有代谢，往来成古今。作为 21 世纪的我们，面对祖国各地保存的宫殿遗址及宫殿文化，应当如何认识它？如何评价它？如何对待它？或许这就是本书所要回答的问题。

当下，凡是具有历史底蕴的大型名胜景点，几乎都有宫殿。然而，如果要问宫殿是什么？人们头脑一时会茫然，想到的仅是富丽堂皇的宏大建筑，往往难一言以蔽之。

因此，在欣赏宫殿这座瑰宝文化之时，有必要先了解宫殿的定义。何谓宫殿？有人说：宫殿是帝王处理朝政或宴居的建筑场所，是统治者或其他上层人士的活动场所。宫殿指秦以前王侯的居所和秦以后皇帝的居所。还有人说：不论儒学、佛教、道教，还是民间宗教，都有宫殿。宫殿用于纪念崇拜的对象，是人们精神寄托的场所。

这两个答案孰是孰非呢？我们认为两个回答都对。前者是从政治层面对宫殿下的定义，后者是从精神与民俗层面对宫殿下的定义。如果把这两个狭义的定义合起来，就是宫殿的广义定义：宫殿是统治者或其他上层人士的生活与活动场所，也是公众的精神寄托场所。

需要补充说明的是，一般而言，宫殿是君主独家享受的豪华建筑物。不过，除了君主，其他统治阶层的人士也可修筑宫殿。例如，汉朝、明朝等朝代，其统治者在分封子弟为藩王时，藩王们都在各地修筑了宫殿。中国大地流传的佛教、道教等场所，也都修筑了宫殿。五代时，王建在四川称帝，国号大蜀。王建称帝，做的第一件事就是把原来的蜀王府改为皇宫，并对各个建筑一一重新命名。他认为宫阙殿阁关乎政权的威严，必须更名号，以正观瞻。于是，改蜀王殿为承乾殿，会仙楼为飞龙阁，摩诃池为龙跃池，寓意龙气在焉。

通观中国历史，许多诗文可以证明宫殿曾被作为一种泛称。如唐杜甫《哀江头》诗：“江头宫殿锁千门，细柳新蒲为谁绿？”宋陆游《雨晴游洞宫山天庆观坐间复雨》诗：“近水松篁锁翠微，洞天宫殿对清晖。”元王实甫《西厢记》诗：“梵王宫殿月轮高，碧琉璃瑞烟笼罩。”宫殿遍布于自然景观之中，几乎无处不在。

其实，中国的宫殿有多种名称，也有多种功能，它们因具体的用途而得名。通常的情况下，一殿一功能。如恭贺皇帝寿辰的大殿称为紫宸殿；百官或使臣朝贺的大殿称为大庆殿；祭祀天地或祖宗的大殿称为明堂；选取新科文士或任命官员的大殿称为集英殿；宣布诏书或接见域外使节的大殿称为文德殿。有时，一殿多用，而名称就相应地发生变化。如南宋充分利用金銮殿，因此，金銮殿有多个名称，先后称为紫宸殿、集英殿等。

有的宫殿并不称为“宫”或“殿”，但仍然是宫殿。如开封西北隅的龙亭就是一座古老的宫殿。它见证了开封自五代以来作为六朝古都的历史。唐末，它被称为建昌宫。以后，历朝统治者一直注重营造此宫。清代康熙年间，人们在此处的煤山修建万寿亭，俗语称龙亭。雍正年间，河南总督将万寿亭改建为万寿宫。万寿宫的龙亭大殿建筑在高大的平台上，平台共两层，有六十四级。现存龙亭大殿是咸丰六年（1856）修建的面阔9间，进深5间，坐北向南，殿内供有皇帝万岁碑。新中国建立之后，龙亭成了公园。

好了，说罢宫殿的概念，再说宫殿的文化属性。

宫殿，它不是一般的建筑物，而是文化发展到一定阶段的产物。人类社会从蒙昧到文明有一个漫长的阶段。人类进入到文明门槛，一般有三个标志：其一是宫殿，其二是文字，其三是金属工具。起初，学者们是用“贫富”或“阶级”这两个词作为进入文明门槛的标志，后来为了让更多的人能够接受与应用这个标志，并有利于人与人之间的对话，学术界就约定俗成选用了“宫殿”这个中性词取代“贫富”与“阶级”这两个有倾向性的词。

宫殿，它不是木材与砖石的简单叠加，而是等级的象征、财富的象征、权威的象征。宫殿象征着政治的集中、地位的尊严、权力的所在、精神的城堡。国君在宫殿中统治着社会，治理着世俗的民众。宗教首领在宫殿引领着精神，自成一方神权天地。有钱人在宫殿，过着奢侈的生活。晋朝左思《咏史》云：“列宅紫宫里，飞宇若云浮。峨峨高门内，蔼蔼皆王侯。”

宫殿，它不仅是人力与汗水之和，更是艺术、文学、历史、科技、民俗、故事的总汇。宫殿是特定文化土壤上滋生出来的奇葩。如果说宫殿是一个文化元素，那么还可以说，宫殿本身又是由无数个元素组成的。文化是人类思想与实践的表现。宫殿是物化的文化，以宫殿为核心的一系列文化构成了宫殿文化，涉及物质的文化、精神的文化、行为的文化、制度的文化。各种文化的巧妙聚合，正是宫殿魅力之所在。

宫殿，它不是一个孤立的实体，而是历史的沉积。人类社会的每一个文明共同体，都以自己的宫殿文化作为骄傲。世界上现有六大著名宫殿，分别是故宫、凡尔赛宫、克里姆林宫、白宫、白金汉宫、文莱王宫。凡尔赛宫是法国封建时代帝王的行宫，始建于16世纪。克里姆林宫是18世纪以前帝俄皇宫，由宫殿和教堂组成。白宫位于美国华盛顿，始建于1792年，是一座白色的三层楼房。从1800年起，美国的历届总统均以此作为官邸。文莱王宫是苏丹博尔基亚主持建筑的王宫，占地约1.4平方千米，大小房间1780间。白金汉宫是英国王室的住地，原为白金汉公爵于18世纪建造，故名为白金汉宫。除了这六大宫殿，全球还有无数宫殿，都有丰富的历史，令人神往！

我国是为世界做出过卓越贡献的伟大民族，宫殿就是其中的贡献之一。中华宫殿的历史十分悠久，宫殿文化极其丰富，可以说，没有哪一个国家能与我国相提并论。这是因为，我国是古代四大文明古国之一，与古埃及、古巴比伦、古印度共同构成了世界文明的摇篮。其他三大文明或是早衰，或是停滞不前，或是中断。中华民族有至少一万年的农业文明史，这是宫殿文化的基础！中华有辽阔的土地，有许多的朝代与政权，有众多的民族，有各式各样的宗教，有许多文化的汇合，有勤苦而聪慧的人民。正因为有这些前提，中华宫殿才能在世界上占有了最耀眼的地位！

中华宫殿具有极强的民族性。它深深地扎根于中华民族的文化土壤之中！具有民族性的传统文化往往是最有生命力、最有活力的文化。正因为中华宫殿受到了中华民族的广泛认同与喜爱，所以，它也才能长久地延续和发展。如果文化失去了民族性，它就失去了特色。反之，如果民族失去了文化，民族也就不复存在。

中华文明的基本特征，是我们审视中华宫殿的出发点。中华文明有五千多年的悠久历史，从未中断，其基本特征可以表述为：它构筑在农耕文明的基础上，文化丰富，重视宗法群体，重视中庸与和谐，重视伦理尊卑与等级，族群偏于保守,但不乏创新。正如从一滴水可以窥见大海，从一个人的基因可以窥见整个人的肌体，我们从宫殿文明元素之中，可以了解其所赖以存在的中华文明共同体。反之，从中华文明视野，可以反观宫殿文明。因此，由小到大、见微知著，或者由面到点、由巨到细，都是我们走进宫殿可以运用的审视方法。

目　录

目　录

目　录

第一章　宫殿史略

中国古代的宫殿有一个发展演变的过程。史前时期的宫殿是“茅茨土阶”；夏、商草创了宫殿的雏形；周代奠定了宫殿的基础；秦汉时期，中华宫殿讲究大一统的气势，整齐划一；魏晋南北朝时期，宫殿受文化交流与碰撞的影响而各有纷呈；隋唐时期，宫殿雍容壮观、气象磅礴；宋代的宫殿精致而华贵；金元明清时的宫殿一脉相传，以规整与宏阔为世界所瞩目。

第一节　初创与多元

一　茅茨土阶

先秦时期包括史前时期与夏商周三个朝代。

有了人类，就有了文化。先民不可能居住在露天，于是就修建了房屋。随着社会的发展与财富的积聚，部族首领的房屋一定会盖得高大壮实一些，逐渐就有了宫殿。在中华文明的史前时期或原始社会晚期，先民就建造了宫殿。宫殿是部族首领居住、聚会、祭祀多功能为一体的混合型建筑物。

从史书记载而言，距今五千年左右，中华大地有了许多部落、联盟、方国，先民在特定的环境中形成了一个个经济文化的共同体。炎帝、黄帝、共工、蚩尤等部落首领，各自统领着成千上万的人，长期占据一方水土，建立了早期国家的雏形——军事部落。首领们居住与议事的建筑，就是早期的宫殿。

从考古调查而言，考古工作者已经发现大量的新石器时代的房屋，有的房屋具有公众议事的功能，被称为是早期的宫殿。这些宫殿的建筑材料主要是以土石木材为墙体，以茅草为屋顶。因此，人们称这时期的宫殿为“茅茨土阶”。《周礼》记载上古宫殿“重屋四阿，茅茨土阶”。这意味建筑有层次，四周有围墙，上盖茅草，下有土垫。

学术界通常把人类文明划分为四个阶段，即古代文明（约前3500—公元500），中世纪文明（500—1500），近代文明（1500—1900），当代文明（1900至今）。依据这个划分，宫殿至少在距今5500年就出现了，从那时起，人类就走进了古代文明。

二　夏代草创

我国古代的第一个朝代是4000余年前的夏朝。夏朝从公元前21世纪到公元前16世纪。从启开始，夏有14代17王，历500余年。夏人活动的主要区域在今山西南部（汾水下游地区）和河南西部（洛阳平原和颍水上游的登封、禹县一带）。《尚书》《国语》都说夏的活动区域在伊、洛、河、济之间。夏，其名称可能源于夏族生活过的地方——山西的夏邑。夏朝作为一个国家，已经有了宫殿。史书记载夏都阳城，今人普遍认为阳城在今河南登封县告成镇。考古工作者在二里头文化遗存中发现了夏代宫殿的遗址【图 1–1】，至少有几十座宫殿。如一号宫殿铺有台基，近正方形，坐北朝南，有廊庑、庭院。

其实，我国长江流域的良渚文明已经发现古城，还有大型建筑的遗址，有的学者认为良渚时期已经进入到国家形态，已经有了宫殿。这些宫殿在古书上没有记载，而在地下却有丰富的遗存，它们逐渐被认识，终将一一写进教科书之中。

在中华宫殿的背后有两只无形的大手在决定着宫殿的历史稳定性，一只是自然，一只是社会。先说自然，中华在北半球，地理条件自成一区域。在东亚，其气候条件决定了宫殿的大屋檐形式，其资源条件决定了宫殿采用木土材料。再说社会，中华先民长期采用农耕经济生活方式，

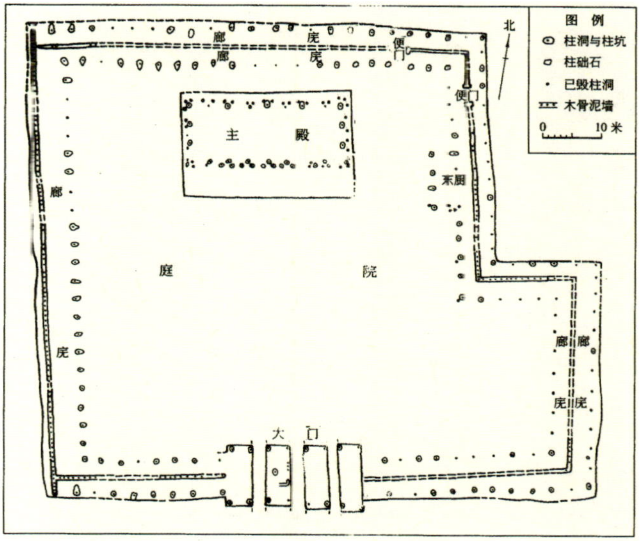

图 1–1 二里头一号宫殿平面图

以定居的形式断守着自己的土地。人们长期定居，必然注重定居的建筑。在宗族社会，“家长”的建筑是具有权威性的象征，帝王是中华的家长，所以其宫殿一直以权威性的象征而“鹤立鸡群”。中国历史上经历过无数的朝代，但各个朝代的文化内涵大同小异，都是权力集中、等级分明的王朝，因而在宫殿文化的传承方面一直保存着历史的一致性。

三　商代初建

商代距今遥远，资料不多。商代从公元前16世纪到公元前11世纪，有17代31王，历600年。商汤开国，至盘庚时把都城由奄（今山东曲阜）迁到殷（今河南安阳小屯），出现中兴，至纣时亡国，史称殷商。学术界一般以公元前1300年为盘庚迁殷年。

商代有了初步的建筑。从甲骨文卜辞看，商朝有了传统的硬山、悬山式建筑；“向”字表明墙上开了窗；“户”字表明房屋有单扇门；“门”字表明有了双扇门；“宫”表明房屋有了隔间；“高”表明了楼台；“邑”表明有了城邑。

从考古发现的商朝遗址的房屋基址看，商朝民居讲究房屋朝向，能够用日影确定方位，即用圭、表之类的仪器作测量。地基的土质干燥、清洁，许多民居是半穴式。半穴式房屋的地基和墙面比较稳固，居住时冬暖夏凉。凡是宫殿、宗庙等大型建筑，在设计上很讲究，以石或铜为础，其上竖立高大的木架结构。居住集中的地方有和谐的生态环境，水和树木很多。

考古工作者发现商代在各个不同的时期，都有宫殿。商代早期的宫殿在河南偃师二里头遗址，它是一组廊庑环绕的院落式建筑。商代中期的宫殿遗址在郑州商城内有发现。商代后期的宫殿遗址在安阳有发现。

公元前 14 世纪，在中原的洹水之畔出现了一个古都，那就是殷商的都城——殷墟。殷墟有约4平方千米的宫城，由北向南排列着56座宫殿。其中，祭坛在前，宗庙居中，寝殿居后。有一处朝堂呈凹形，两端各有一个较宽敞的殿堂，中间有一条长廊将两堂联为一体，形成收含抱气的样子。考古学家认为唐代大明宫含元殿就类似于这个样子，这说明上古时期的建筑家就已经自觉地根据环境与文化创造性设计宫殿，而后世的宫殿样式是对上古的传承。

商代这些宫殿颇有技术含量。在洛阳发现的商代西亳宫城，其宫殿有排水沟，水沟下铺有石板。这说明建筑者注重流水的处理。从建筑形式而言，这些宫殿大都是在夯土基中埋木柱，屋顶未用瓦。因此，我们可以断言，终商之世，宫殿仍未脱离“茅茨土阶”的状态。

商代，都城之外的地方也有宫殿。例如，在

今成都平原有古蜀王城，考古工作者在此发现了三星堆遗址，遗址有宫殿区。在湖北黄陂区，考古工作者于1954年在盘龙山发现了商代盘龙城遗址也有宫殿。

商朝最后一个国君纣王的都城在朝歌城，该城有三道城垣。纣王的内宫在朝阳山上，地势高敞，有护城河环绕。二道城距宫城18里，三道城距宫城25里。商纣王在宫中的“酒池肉林”中淫乱无度，发疯时施行炮烙酷刑。传闻纣在朝歌筑鹿台，“广三里，高千尺”，可与巴比伦的空中花园相比。

商代有了较为成熟的汉字。汉字中有“宫”字。宫与殿是两个字，它们之间有联系，也有区别。

宫，在秦朝以前是我国先民居住建筑的通用名，甲骨文中就有“宫”字，上面的宝盖头表示房屋的大屋顶。上古，从王侯到平民的居所都可以称为宫。宫是有套间的房屋，后来发展为指多间房屋组成的建筑，最后专指帝王的居室。宫也可指寺庙，后来专指宗教庙宇，如北京的蟠桃宫、万寿宫、文昌宫等。

宫的概念，往往比殿要大。宫，有时就是一个殿，但有时又包括了一些殿。有时，一个宫不是一栋房子，而是一群建筑。如南宋赵构在杭州凤凰山东北麓建有德寿宫，宫内不仅有富丽堂皇的远香堂、载忻堂、冷泉堂、清旷堂等建筑，还有人工挖掘的小西湖，还有石桥、绿树等，现在辟为了梅石公园。

有宫就有殿，在庞大宫殿群中，往往有突出的主体大殿建筑。如秦朝修筑的阿房宫，其大殿可以坐万人，可见规模之大。唐太宗李世民在其《帝京篇》有诗描写宫殿的壮观，诗云："秦川雄帝宅，函谷壮皇居。绮殿千寻起，离宫百雉余。"秦川与函谷衬托着皇宫的壮丽，皇帝一家的居室占据着整个大地。

殿，原指大房屋，高大的纪念场所、生活与办事的场所。如在成都武侯祠，有刘备殿、诸葛亮殿、关羽殿、张飞殿，分别纪念三国时期蜀国的几位杰出人物。

殿与"臀"有相关的意思，有居尾部的、坐镇的意思。高大的房子一般地基都较高，如同坐在上面，所以也叫殿。"殿"字出现较晚，原意是后部高起的物貌，表示其形体高大，地位显著。

随着商朝的灭亡，商朝的宫殿也淹没在历史的沉积中。

四　周代多元

1. 西周宫殿

取代商朝的是周朝。西周是文明奠基时期。周代都城的设计是"前朝后市"，王宫在城市中心，商业集市在城区北边。周代实行分封制，周初分封了 71 国，诸侯国各自建造了宫殿，形成了宫殿的多元性。

周代的祖先起初是活动在今陕西岐山县境内，这里有类似于宫殿建筑的遗址。周朝经常迁都，不断修筑宫殿。周代有都城丰镐，统治者居住在城中，城中当然有宫殿。约公元前 1059 年，周成王派太保召公到洛邑勘测地形。后来，周公也来洛邑勘测，确定城郭、宫殿的位置。周王城呈长方形，城内左祖右社，核心区有正宫和小宫。成周城中的宫殿有周公宫、太保殿，周公与召公分别在这些宫殿中处理政事。

周代的建筑【图 1–2】对数字很讲究，如宫殿的门和墙的长度是有规定的，“王宫门阿之制五雉，宫隅之制七雉”。雉是长度单位，隅指宫墙。周代的明堂是布政之宫，是礼制建筑。明堂用于“顺四时，行月令，祀先王”。在建筑设计方面颇为讲究。传闻上古的明堂有九室（阳数之极），或云五室（象征五行），每室四门八窗（与四象八卦相合），以茅草覆盖（因循自然，下方上圆）。

2. 东周宫殿

历史进入东周，即春秋战国时期。春秋战国是中华文化的“轴心”时代。所谓轴心，是由德国学者卡尔·雅斯贝尔斯（1883—1969）在《历史的起源与目标》中提出来的，他认为轴心时代是最卓有成效的历史之点，在公元前 500 年左右，

图 1–2《三礼图》中的周王城图

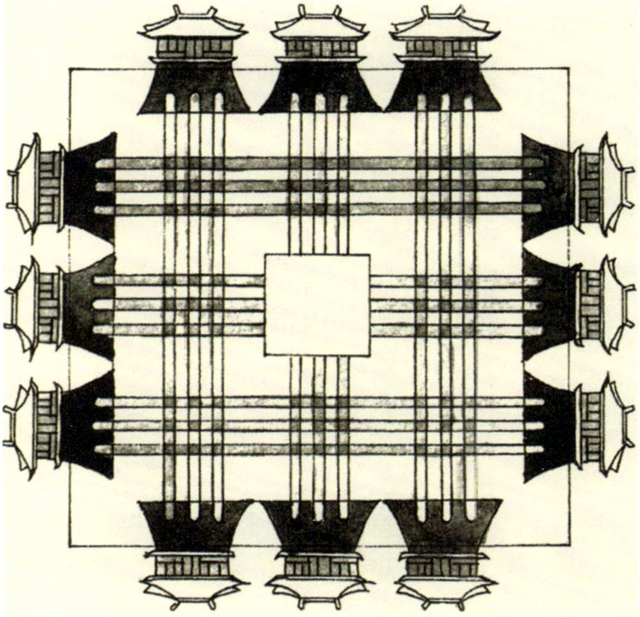

世界处于轴心时代。中华宫殿在这时形成多元华丽的建筑文化。

从已经发现的东周的宫殿遗址得知，通常是在高七八米至十余米的阶梯形夯土台上逐层构筑木构架殿宇，形成建筑群，外有围墙和门。这种高台建筑既有利于防卫和观察周围动静，又可显示权力的威严。河北易县燕下都遗址、邯郸赵城、山东临淄齐城等，都有宫殿高台遗址。其中邯郸赵国宫殿遗址，有一条明显的南北轴线。

东周时，魏都大梁（今开封）存在一百余年，建有宫殿群，最有名的宫殿是丹宫。丹宫前立有一柱，树九游旗作为标识，表明其国已经称王。

紧临宫殿有宫苑，分别有范台、夹台、兰台，三处宫苑首尾相接，形成宏大的整体。魏国的宫殿群规模很大，曾经受到其他诸侯国的批评。鲁侯认为：历来的国君有以女色而亡的，有以美酒而亡的，有以美味而亡的，亦有以大兴土木而亡的。魏惠王大修宫殿，必然大伤国力。

东周时的建筑水平很高。《左传·宣公十一年》记载：楚国令尹芳艾猎主持沂地筑城，他委派专业人员制订工程总规划，交付执掌工役的大臣来实施。他估算工程总量，规定工期进度，调拨材料用具。他根据土方和材木的需求量来编制施工期限，研究取材和赴工的路途远近来安排役夫作息，全部工程告竣，仅用了30天。春秋末的公输般擅长建筑技术，有多项发明。

当时的人们对宫殿有许多创意性的想象。如《楚辞·湘夫人》描述宫殿的模样是：把房屋建筑在水中，用荷叶盖在屋顶。用溪荪香草编织墙壁，用坚实圆洁的紫贝铺满庭院，用香椒涂饰四壁，用牡桂做屋架，用木阑做椽子，用辛夷做门框，用白芷做卧房，用薜荔草编大帐，用香蕙草做隔扇，用雪白的美玉做席镇，用各种香草充实庭院，到处充满沁人心脾的奇香。

周代流行一本《考工记》，其中记载当时修筑宫殿的规划要求：宫殿居中，朝堂在前，市场在后，左为祖庙，右为社稷坛。周代宫殿分前朝、后寝两部分。前部有外朝、内朝、燕朝三朝（又称大朝、日朝、常朝）和皋门、应门、路门三门。外朝在宫城正门应门前，门外有阙。内朝在宫内应门、路门之间，路门内为寝，分三寝和后寝。王的正寝即路寝，前面的庭即燕朝。

《考工记》对汉以后各代的宫室却有极大影响。历来的宫室大都要依照《考工记》，把宫室严格区分为外朝和内廷两部分，并有明确的中轴线。但《考工记》中所述的三门，经郑玄引用郑众的说法扩大为五门，故以后各代宫殿外朝部分都是“三朝五门”。

第二节　范式与纷呈

一　秦人的大手笔

从秦国到秦朝有一个渐进的演变过程。秦人在发展中修筑了许多宫殿。在秦人的宫殿中，最有名的是咸阳宫、六国宫殿、阿房宫。

秦国曾经在雍城建都（都址位于今陕西凤翔县城南），雍水绕城东南流过，宜于民众取水。秦人修筑了大郑宫、祁年宫、萧史宫【图 1-3】。萧史宫是秦穆公为女婿萧史所建，萧史善于吹箫。

秦人在咸阳建都之后，大修宫殿。陕西咸阳市东郊曾发掘出秦都咸阳的一座宫殿遗址，它位于渭水北岸高地上，即史书所说的“咸阳北阪”上。这一带宫殿遗址密集，沿临水高地向东延伸。已发掘的一处夯土台基残高约 6 米，面积为 2700 平方米，推测原是一座依夯土墩台而建的高台建筑，其中包括殿堂、过厅、回廊、居室、

图 1-3 明代仇英 吹箫引凤

浴室、仓库等。室内还有火炕、壁炉和供保藏食物用的地窖，台面有较完善的排水设施。通过这些遗址可以了解战国后期宫殿的概貌。

秦国在统一战争中，灭掉了大量的诸侯国。为了彻底征服所灭之国，秦就把所灭诸侯国的贵族迁到周原，并在周原复建所灭之国的宫殿。因此，整个周原是一个大工地，到处都在建造宫殿，各种样式的宫殿布满大地。周原一时间几乎成了“万国宫殿博物馆”。《三辅黄图》记载咸阳以北，东西800里，南北400里，“离宫别馆，相望联属”。《史记》所载，关（指函谷关）内300处，关外400处。

秦朝末年，项羽率兵入关，放火烧宫殿，咸阳一片火海，三月不息，宫殿群在熊熊大火中化为灰烬。

二　两汉的追求

汉代是中国封建社会的第一个兴盛时期。西汉的都城在长安（今西安），城中的宫殿几占全城面积的一半。有长乐宫、未央宫、北宫、桂宫、明光宫、建章宫、长门宫、鼓簧宫、承光宫、池阳宫、宜春宫、延寿宫、集灵宫、望仙宫、长杨宫、长平宫、黄山宫、祈年宫、太乙宫、通天宫、万岁宫、竹宫、寿宫等。不仅城内有宫，而且城外也有宫，如建章宫、甘泉宫。有人统计，汉代长安地区的宫馆至少有140多所，具体数字难详。

汉初统治者之所以修筑宫殿，是当时的礼制文化所致。汉初，刘邦征战天下，萧何在长安城大兴土木，修筑未央宫。传闻，刘邦从前线回来，见到正在修建的宫殿群，认为太奢侈，而萧何却说这是应该的。萧何说，天子以四海为家，宫殿非令壮丽不能重威。这意思是说，宫殿是皇权的象征，是震慑群臣的工具，有奢才有慑。刘邦听了这话，只好默认了。历史上是否真有这段对话，不得而知，但说明宫殿的俭与奢，不是由皇帝说了算，而是当时的政治文化使然。其实，任何一个皇帝都乐意居住在豪华庞大的宫殿中主宰国事。朝臣拾级而上，进入一门又一门，跨过一宫又一宫，周围尽是大内的禁军，肃静威猛，等见到皇帝时，要跪下，目不能视，领旨后退步而出，那种被震慑的心情，不言而喻。皇帝所需要的，就是这种氛围，只有庞大的宫殿群才有可能营造出这种气氛。宫殿，充当了专制文化的道具！汉代的长乐宫在城东南，占长安城面积近六分之一，是汉高祖时的主要宫殿。宫城内有 14 座大型建筑，如正殿、永寿殿、永昌殿等。汉代又在长乐宫西面修建了未央宫，作为正式宫殿。未央宫占长安城面积的七分之一，宫内修了承明殿、清凉殿、温室殿等宫殿。长乐宫供太后居住。文帝、景帝时期增辟北宫供太子居住。

武帝时，在城内北部兴建桂宫、明光宫，并

在城西上林苑内营造建章宫。建章宫是离宫，是宫与苑结合，兼有朝会、居住、游乐、观赏等多种功能的新宫殿类型。

西汉末年，王莽专权，改未央宫前殿为王路堂，比附《考工记》所载的路寝。为了打造政绩，王莽突发奇想地提出了修筑九庙的宏伟工程。所谓九庙，就是祭祀黄帝、虞帝、陈胡王、齐敬王、济北愍王、济南王、元成孺王、阳平顷王、新都显王这九王的九座大殿宇。一时凑不齐建筑材料，就拆毁了包阳宫、储元宫、平乐馆等十几座宫殿，用于建筑九庙。整个工程用了 3 年时间，数万人参与。王莽的这项工程，现在看来是很不适时宜的。第一，这九王未必值得都修大殿祭祀，除了黄帝与虞帝，其他七人都没有什么功绩。第二，因为修筑九庙，导致其他的宫殿被毁坏，浪费了民力财力物力，得不偿失。第三，王莽凭个人意志，独断专行，满足了一时之恣欲，换来的是民众对他的不满情绪，贻害了国家。等到九庙初步完成时，王莽的“新朝”也寿终正寝了。这样的折腾，实在是人类历史的教训。

东汉建都洛阳，皇城北靠邙山，南邻洛河。全城有 12 座大门，24 条大街。先营南宫，后增建北宫，有阁道相连，宫中各有前殿。汉末桓帝、灵帝时又增筑东、西宫。中轴线上有崇德殿、中德殿、千秋万岁殿等。

汉代宫殿还有三个明显的特点：

第一，汉代各宫占地大而建筑物布局稀疏，不像明清所建那样密集、严谨。每殿自成一区。朝廷的政事，一般是在宫殿的前殿举行大朝会，以东西厢作为日常视事之所。这些宫殿，体现了汉代的贵族气派，反映出汉代不愧为古代封建社会的一个高峰时期。如未央宫的主体建筑前——殿是修筑在龙首原的高台上，其遗址至今还有7000平方米的台基，气象非凡。

第二，汉代宫殿在设计上讲究养生的功能。未央宫内有清凉殿、温室殿，由皇帝按季节轮换着居住。清凉殿内有白色玉石床，床上有紫色琉璃帐，用于防蚊子。床边有鉴盘，用于盛冰块。皇帝在夏季住进清凉殿，确实很舒服。到了冬季，皇帝住进温室殿，殿内有壁炉，以木炭供暖。地面是紫红色，以增加暖意。地上还铺有西域进贡的地毯，门口有云母屏风，四壁涂有椒泥。人置其中，感觉到十分温暖。

第三，汉代宫殿建筑中注重发挥植物的效果。如汉武帝时在甘泉宫修有竹宫，全是竹子为之。皇帝夏季住在竹宫内，格外凉爽。墙壁多用椒泥涂抹，使室内不断散出清香。汉武帝在长安附近修筑了扶荔宫（具体地点在今陕西省韩城县境内），宫中栽有各种奇花异草，有菖蒲、山姜、甘草、甘蕉、留求子、桂、密香、龙眼、荔枝、槟榔。一些从南方称植过来的植物不易成活，更难结果。

三　魏晋南北朝的兴替

从公元220年曹丕废汉献帝至589年隋灭陈，这是魏晋南北朝时期。先是有魏、蜀、吴三国鼎立，继而有西晋。其后，北方先有十六国割据，后有北魏、东魏、西魏、北齐、北周等政权，史学家称从北魏开始的北方为北朝。在南方则有东晋、宋、齐、梁、陈。史学家称吴、晋、宋、齐、梁、陈为六朝。这六朝相继建都于建康（今南京）。这时期政权频繁变更，人才辈出，文化在动荡的乱世中裂变为多元，从规整走向自由。宫殿文化也异彩纷呈。

三国曹魏定都洛阳45年，曹丕及后继者大修洛阳宫殿。宫殿有南北向四排，中轴线上有建始殿、云气殿、显扬殿、昭阳殿、太极殿等。各个殿有其用途，如建始殿是魏文帝用于祭祀曹操的大殿。太极殿居于宫城中心，为了上法天意，朝廷在建设中格外投入。太极殿的殿前有两株万年树，殿内有四根铜柱，还有许多精美的装饰。自从魏明帝把正殿称为太极殿，后世的王朝多用“太极”二字称正殿，以示地位之崇高。太极殿一般有十二间，象征每年十二个月。

东吴在建业城（今南京）的宫殿有太初宫、昭明宫、南宫、西池、苑城等，构成了庞大的宫殿群。孙权建有太初宫，这是南京历史上的第一座皇宫。太初宫很简陋，在248年完成了改建工程。其形制非常规范，每边约合今300米，全宫面积9万平方米。东有苍龙门，西有白虎门，北有玄武门，南有朱雀门。正殿称为神龙殿。宫外有护城河。孙皓当皇帝时，兴修了昭明宫。为了增加灵气，从城北开了一条水渠，引后湖水进入宫中，让碧波环绕宫殿，增添了湖光山色的感受。孙皓大兴土木，引起民愤，国力日衰。

东晋在建康（今南京）建有宫城，内宫墙周长5里，外宫墙周长8里，环城有壕，阔5丈，深7尺。传说有内外殿宇3500余间，两旁有东、西二堂，殿前有方庭60亩。

西晋以洛阳为都52年，在东汉宫城的基础上，陆续也修了一些宫殿。从平昌门到承明门是一条中轴线，宫殿有序地排列其间。

图1–4 梁武帝萧衍

公元502年，萧衍【图1–4】即位，是为梁武帝。在中国两千多年的帝制时代，梁武帝堪称最奇特的一位帝王。作为皇帝，梁武帝在位48年，不饮酒，不好色，不淫乐，兴办教育，笃信佛教。梁武帝裁减了宫内多余的人。据《南史·梁本纪》，梁武帝一即位就“诏凡后宫、乐府、西解、暴室诸如此例被幽逼者，一皆放遣”。同时，继续设大长秋，统黄门、中署、奚官、暴室、华林等署，维系皇帝制度。他还“诏分遣内侍，周省四方，观政听谣，访贤举滞”。

北魏以洛阳为都，都城的面积巨大，是中世纪最大的都城之一。全城有外郭城、内郭城、宫城，城中的布局非常分明，把生活与政治区别开来。洛阳城以宫殿为中心，以乾明门与阊阖门为中轴线，中轴线上布有太极殿、显阳殿、宣光殿等建筑。中轴线两端也布有宫殿。孝文帝曾经亲自为宫殿命名，如观德殿，典出“射以观德”。

通观魏晋南北朝时期的宫殿，学术界注意到这一时段的宫殿文化是有阶段性的。魏晋时，宫殿集中于一区，与城市区分明确。曹魏邺城和孙吴建康城宫殿都集中于城北，宫前道路两侧布置官署。两晋、南北朝宫殿大体相沿，其前殿受汉代东西厢建筑的影响，以主殿太极殿为大朝会之用，两侧建东西堂，处理日常政务。从南朝建康起，各代宫城基本呈南北长的矩形，有中轴线，南面开三门。

第三节　气势与精致

一　隋唐的气势

1. 隋朝的宫殿

隋代营建大兴城，于宫城前创建皇城，集中官署于内。宫内前朝一反汉至南北朝正殿与东西堂并列，即大朝与常朝横列的布置，追绍《周礼》古意，比附三朝五门南北纵列的布置方式，在中轴线上，于宫南正门内建太极、两仪两组宫殿。

比起汉代的长安城，隋的大兴城更加整齐，布局严明。城内宫城、皇城、郭城依次排列，中央官署统一建筑在皇城之内，与宫城相邻，便于皇帝掌控。其中心地区在龙首原的南麓，这里有六条冈阜，形似《周易》中的六爻。设计者就在九二的位置上设宫殿，九五的位置上设玄都观、兴善寺。

隋朝还注重营建东都洛阳。当时有朝阳宫、

栖云宫、景华宫、成务殿、大顺殿、文华殿、春林殿、春和殿。隋在乾阳殿举行大典和接见外国使臣。在乾阳殿以北有大业殿，东有文成殿，西有武安殿，形成“三鼎”拱护乾阳殿的格局。

2. 唐朝的宫殿

隋朝短命，唐代以博大的气象扩大了大兴城，重新启用了长安城名称。

长安城在内部结构上，由外城郭、皇城、宫城以及大明宫和兴庆宫等部分组成。郭城的边长约 9000 米，合计周长约 36 000 米。城内居住近 200 万人。城内宫殿亭台整齐壮丽，其建筑风格对当时和后世都很有影响。宫城的南部呈长方形，北部呈南宽北窄的梯形，面积为北京故宫的 4 倍多。

在长安街有中轴线，其朱雀大街的北端是国家权力的中心——皇城，皇城的最北边，隔横街又有一座小城，这就是宫城。长安最初的宫殿建筑均为坐北朝南的子午向。我国古代帝王的座位，身在北方，面向南方。因为帝王是一朝之长，宛如之上，所以帝王坐在北边，北就是“上”，而坐在南边的群臣则为卑下，南即为“下”。唐代将宫城南面之门命名为朱雀门，而将宫城内太极宫的北门命名为玄武门，此皆来源传统风水中的“左青龙、右白虎，前朱雀、后玄武”之说。

唐长安大内以宫城正门承天门为外朝，元

旦、冬至设宴会，颁布政令，大赦，外国使者来朝等，均在此举行。门内中轴线上建太极、两仪两组宫殿，前者为定期视事的日朝，后者为日常视事的常朝。五门依次是：承天门、嘉德门、太极门、朱明门、两仪门。这种门殿纵列的制度为宋、明、清各朝所因袭，是封建社会中、后期宫殿布局的典型方式。

唐代的宫殿之中，以太极宫、大明宫、兴庆宫最负盛名。

（1）太极宫

唐前期的政治中枢在太极宫。唐高祖李渊和太宗李世民统治时期，主要在太极宫处理朝政。这里曾经是贞观之治的策源地。

长安的宫城由三部分组成，即掖庭宫和东宫左右对峙，中间拥簇着太极宫。宫城的主体建筑为太极宫，太极宫是由原隋代大兴宫改建而成的，位居长安城中轴线的最北端，用以象征皇帝的“至高无上，南面称王”。

太极宫设南北两门，南门为正门，又叫承天门。它正对长安城的中轴线天街和朱雀大街。门外与皇城之间，是一个宽达 440 米的广场，唐王朝的许多重大朝外活动，多数都在这里进行，如改元、大赦、元旦、冬至大朝会，以及阅兵和受俘等。每当这时，皇帝都是登上承天门，文武百官群集广场，场面非常雄伟壮观。

太极宫内共有16座大殿，其中，太极殿、两仪殿、甘露殿和延嘉殿被称为四大殿。此外还有中书省、门下省、舍人院、宏文馆，以及凝阴阁和望云亭等重要建筑。

太极殿是太极宫的前殿，为太极宫的主体建筑。太极宫的名字也即因太极殿而来。太极殿是宫内举行“中朝”的地方。每月的朔望两日，皇帝在这里接见群臣，处理政务，届时文臣武将分班列座，皇帝端坐于前，共商国是。太极殿以北建有两仪殿，这里是举行所谓内朝的地方。内朝是一种皇帝与小范围臣僚共商国是的仪式，通常只有少数决策大臣,即皇帝的亲信才有资格参加。所以朝仪比较简单，也非常随便。但内朝在影响王朝决策方面起着举足轻重的作用。

太极宫和大明宫在布局方式上基本相似，唯有南内兴庆宫与前二者大不一样。后者的整体布局特征是不墨守成规，而能因地制宜，风格多样，如正宫门向西开，可谓别出心裁。

（2）大明宫

唐贞观八年（634），太宗李世民为供其父李渊避暑，于长安宫城东北角禁苑内修建永安宫。李渊死后，永安宫改名大明宫，一直无人居住，成为一座离宫。到唐高宗李治时，因其忧郁且身患风湿病，厌恶太极宫内潮湿，便搬来地处龙首原上的地势高、地面干燥的大明宫。龙朔二年

（662）高宗李治加以扩建，大明宫一度改名蓬莱宫，后成为唐代帝王在长安居住和听政的主要场所。

大明宫前部中轴线上建了三组宫殿，以含元殿为大朝，宣政殿为日朝（又称“正衙”），紫宸殿为常朝（又称“内衙”）。含元殿，大明宫中轴线上的第一座宫殿，是举行重要典礼仪式的场所。含元殿利用龙首原高地为殿基。含元殿东西两侧前方有翔鸾、栖凤两阁，以曲尺形廊庑与含元殿相连。

三殿东西两侧建有若干殿阁楼台。外朝部分还附有若干官署，如中书省、门下省、弘文馆、史馆等。大明宫以北的内廷部分以太液池为中心。池中建蓬莱山，池周布置曲廊。周围殿宇厅堂、楼台亭阁罗布，寝殿在池南。这是帝王后妃起居游憩的场所。内廷殿宇则自由布置，这是汉、魏以来宫与苑结合的传统布局。

大明宫高踞龙首原上，遥对终南山，俯瞰长安城，规模宏大，气势壮阔，宫城平面呈不规则长方形，南宽北窄。北墙长 1135 米，南墙（即长安城北垣的一段）长 1674 米，西墙与南北墙垂直，长 2256 米，东墙倾斜有曲折。

大明宫遗址在西安市东北龙首原上。唐末毁于战乱。1961 年被定为全国重点文物保护单位。

唐高宗不仅修筑大明宫，还在洛阳扩建宫

殿，筑有上阳宫、万象神宫、避暑宫。武则天在洛阳称帝，国号曰周，改东都为神都。704年，武则天逝于洛阳的上阳宫。上阳宫是武则天精心打造的宫殿，环境优美，宫内引谷水与洛水流入，并且种植了奇花异草。

（3）兴庆宫

兴庆宫在长安东郊。开元二年（714）就唐玄宗旧居“五王子宅”所在的兴庆坊建成。宫殿为非对称布局，南部有较大的园林区，具有离宫性质。唐天佑元年（904）毁。

兴庆宫约有1.3平方千米，因地制宜，北部是宫殿区，南部是园林区。从兴庆宫到大明宫之间有夹城，这是一条御道，供皇帝专用，以确保皇帝外出的安全。

兴庆宫的正殿为兴庆殿，主要建筑还有大同殿、南熏殿、新射殿等。龙首渠横贯宫殿区，在瀛洲门东侧穿越东西横墙注入园林区的龙池。园林区以龙池为中心，东北角有沉香亭。宫的西南方有勤政务本楼和花萼相辉楼，是唐玄宗宣布大赦、改元、受降、受贺、接见、宴饮的地方。整座宫殿没有一条贯穿全局的中轴线，这在古代宫殿建筑中是罕见的。

《新唐书·玄宗纪》记载：唐玄宗深居简出，骄奢淫逸，“侈心一动，穷天下之欲不足为其乐，而溺其所爱，忘其所戒，至于窜身失国而不悔”。

开元天宝年间，宫嫔大约有4万多人，仅杨贵妃一人的衣服玩好就要上千人侍候。

唐代还有离宫，比较著名的有麟游县天台山的仁寿宫（唐改为九成宫），是避暑的夏宫；临潼县骊山之麓的华清宫，是避寒的冬宫。

二　五代的承续

唐亡以后，中国进入五代十国时期。五代十国时期，中原先后出现梁（都汴）、唐（都洛阳）、晋（都汴）、汉（都汴）、周（都汴）五个政权，史称五代。在南方存在吴（都扬州）、吴越（都杭州）、南唐（都金陵）、楚（都长沙）、闽（都长乐）、南汉（都番禺）、前蜀（都成都）、荆南（都江陵）、后蜀（都成都），在北方存在北汉（都河东），共十个政权，史称十国。

五代时，王建在四川称帝，国号大蜀。王建称帝，做的第一件事就是把原来的蜀王府改为皇宫，并对各个建筑一一重新命名。他认为宫阙殿阁关乎政权的威严，必须颁分名号，以正观瞻。于是，改蜀王殿为承乾殿，会仙楼为飞龙阁，摩诃池为龙跃池，寓意龙气在焉。宋太祖赵匡胤灭掉后蜀国之后，把后蜀的花蕊夫人押送到汴京，问后蜀国如何灭亡得如此之速？花蕊夫人随口说了一首诗，道出了后蜀君臣的昏庸。“君王城上竖降旗，妾在深宫那得知？十四万人齐解甲，更无一个是男儿。”

梁王朱晃把开封的梁王府改建为皇宫，称为建昌宫。宫墙七个门，南面有三个门，中为建国门，东为启运门，西为升龙门。宫墙东面有两个门，南为宽仁门，北为厚载门。宫墙西面有两个门，南为神兽门，北为金凤门。这些门都有文化含义，如厚载门取名于《周易》的坤卦“厚德载物”，而龙、凤、神兽都是祥瑞之物。

后周郭威时，在东京（开封）的南郊筑圆丘（相当于后世的天坛），还建了社稷坛、太庙。

吴越国在杭州凤凰山南麓大修宫殿，方圆9里。其宫城设南北两门，内有握发殿、上清宫等建筑。宫殿的名称有文化内涵，所谓“握发”，典出周公“吐哺握发”的故事，意在招贤纳士，重用人才。吴越国一直倡导礼贤下士，因此保得一方平安。

三 宋代的精致

宋代，中国大地有辽、夏、金等政权，文化呈现多种样式，社会有长足发展，商业文化较为发达。当时，10万户以上的城市由唐代的10个增加到40个，汴京和临安相继成为百万人口的城市。南宋的临安曾有近12万户人家。其他城市，如今南京、成都、泉州、鄂州都是商业中心。城市的发展与宫殿的辉煌相得益彰。

1. 北宋宫殿

北宋的都城汴京在今开封，汴京有三道城

垣，团团环护着宫城。宋太祖在建昌宫的基础上扩大皇宫。宫城内的殿堂楼阁有大庆殿、文德殿、紫宸殿、重拱殿、集英殿、保和殿、皇仪殿、龙图阁、福宁殿等近百个殿堂楼阁。众多的宫殿沿着中轴线一字排开，坐北朝南，高低错落，整齐划一。当时的宫殿讲究穿透性，宫门之间正对，视野开阔无遮挡。传闻宋太祖曾经坐在福宁大殿，对着连续排列而敞开的宫殿大门，对群臣说："我心端直正如此，有少偏曲处，汝曹必见之矣。"

宫城正门为宣德楼，下部砖石甃砌，开有五门，金钉朱漆，雕刻龙凤飞云，上列门楼，左右有朵楼和阙。为了弥补宫前场面局促的缺陷，宣德楼前向南开辟宽阔的大街，街两侧设御廊，街中以杈子（栅栏）和水渠将路面隔成三股道，中间为皇帝御道，两侧可通行人。渠旁植花木，形成宏丽的宫城前导部分，也是金、元、明、清宫前千步廊的滥觞。皇帝在宣德楼宣专德政，以仁德治天下。

宣德楼后是皇宫的正殿——大庆殿，是宫中最雄伟的宫殿。大庆殿又称为崇元殿、乾元殿，殿阔九开间，进深五间，取意九五之尊。大庆殿东西两侧的门称为左太和门、右太和门，典出《周易》"保合太和"之意。宋仁宗时，仁宗御书"明堂"二字为匾，悬挂于大庆殿门的上方，寓意与日月同辉，慎终追远。

汴京的大庆殿见证了宋太祖的“陈桥兵变”。960 年，即后周显德七年正月初一，百官在大庆殿（当时称为崇元殿）宫中庆贺新年，忽有人报告说北边的契丹来犯，8 岁的周恭帝吓得屁滚尿流，派殿前都检点赵匡胤率军抗击。过了仅仅两天，初三时，赵匡胤在开封城外的陈桥发动兵变，回到大庆殿，在朝臣的拥护下当上了皇帝。

汴京的紫宸殿见证了朝廷的皇室礼仪。每当域外使节来朝，或皇帝生日，百官齐聚，殿外奏响音乐，钟鼓齐鸣，群臣鱼贯而入，场面甚是壮观。特别是皇帝赐宴于大殿之中时，更是朝臣的莫大荣誉。

汴京的文德殿一度是皇帝听政的衙殿，朝臣实行“坐班制”，每天要到文德殿报到。每天，先由宰相奏事，百官依次上奏或领旨。殿外有廊屋，百官静候之处。只要皇帝没有退朝，百官就不敢擅自离开。

福宁殿是皇帝的正寝殿，相当于明代故宫的交泰殿，皇帝起居于此。在这个殿曾经发生了惊心动魄的皇位之争。史载开宝九年（976）12 月 20 日，一个月黑天高的夜里，北风卷着大雪飞舞，宋太祖与其弟晋王赵光义在福宁殿饮酒，酒酣之际，只见烛光影中，太祖手执玉斧，晋王离席躲避，一阵砍杀声之后，晋王开门说圣上驾崩，受遗诏即皇帝位，是为太宗。这段皇权交接的千古之谜是成语“烛影斧声”的出处，后人只能猜测，难识真相。

北宋还修了延福宫，徽宗时的延福宫是一个庞大的建筑群，东有云锦、芬芳等十五阁，西有秋香、丛玉等十五阁，周围尽是仙山琼海，嘉花名木。

中国人注重慎终追远，往往都要修建很大的宫殿作为纪念的场所。北宋的景灵宫是供奉宋朝各位皇帝皇后的宫殿。宋真宗大中祥符五年始建景灵宫天兴殿，以奉太祖。其后，陆续修建了万寿殿等建筑，分别供奉皇帝与皇后，供朝臣瞻仰祭祀。

如果把北宋的宫殿与唐朝的宫殿相比，不难发现北宋修筑的宫殿，其规模相对较小。宋朝除了最后的几个皇帝荒唐外，大多数皇帝都中规中矩，也不热衷于大兴土木。汴京宫殿是在原汴州府治的基础上改建而成的，称“皇城”或“皇宫”。宫城面积仅及唐大明宫的十分之一左右，官府衙署大部分在宫城外同居民住宅杂处，苑囿也散布城外【图 1–5】。宫廷前朝部分仍有三朝，但受面积限制，不能如唐大明宫那样前后建三殿。其宫城正门为宣德门，门内为主殿大庆殿，供朝会大典使用，相当于大朝。其后稍偏西为紫宸殿，是日朝。大庆殿之西有文德殿，称“正衙”。其后有垂拱殿，是常朝。三朝并不在一条轴线上。

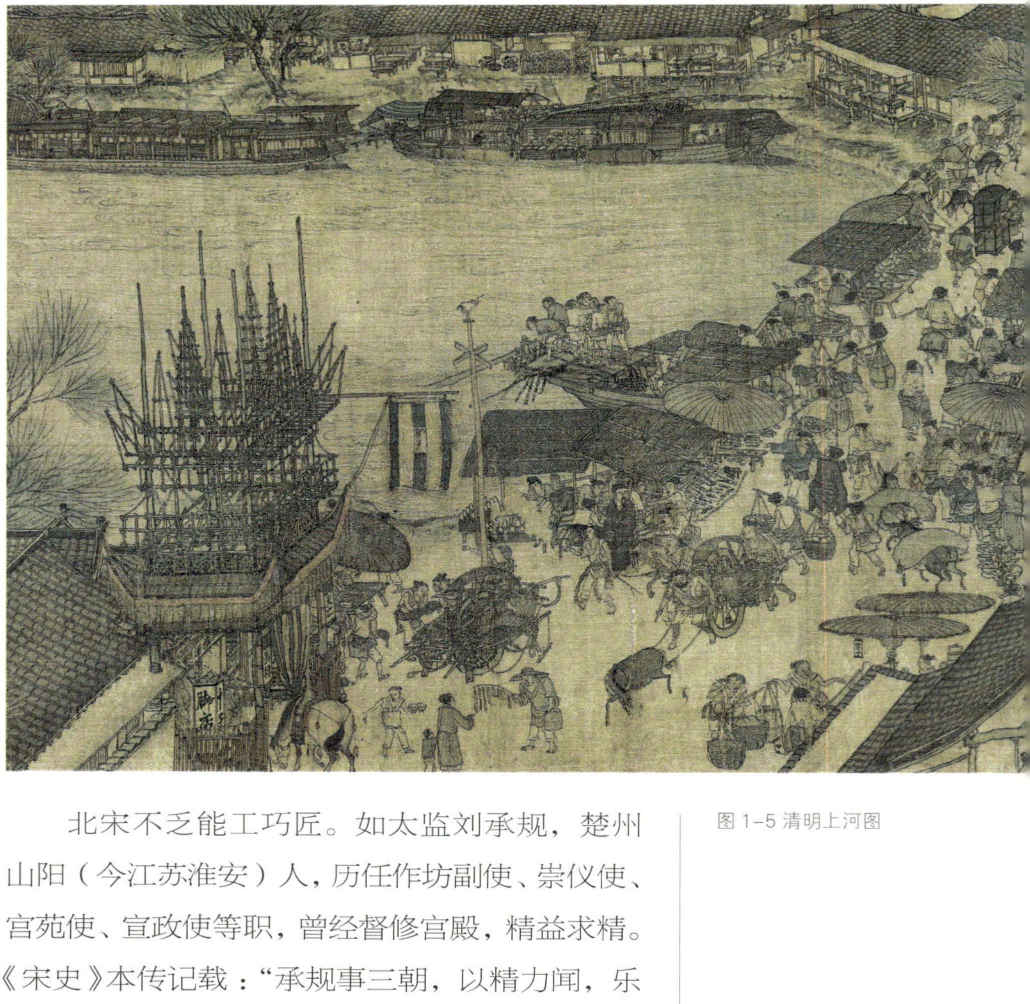

图 1–5 清明上河图

北宋不乏能工巧匠。如太监刘承规，楚州山阳（今江苏淮安）人，历任作坊副使、崇仪使、宫苑使、宣政使等职，曾经督修宫殿，精益求精。《宋史》本传记载："承规事三朝，以精力闻，乐较簿领。孜孜无倦。……作玉清昭应宫，尤为精丽。"

2. 南宋的宫殿

南宋时，统治者在杭州苟且偷安，在吴越国宫殿的基础上扩建宫殿群，从南边的丽正门过入"大内"，计有大殿 30 座，正殿为崇政殿。又有

垂拱殿、孝思殿、复古殿、选德殿、延和殿、澄碧殿、缉熙殿、勤政殿、慈宁殿、慈明殿、仁明殿、慈先殿、嘉明殿等。崇政殿以龙为主题，正中设有金漆雕龙宝座，两旁有蟠龙金柱，屋顶有金龙藻井。

有些殿，其实就是一个居所。如，南宋在杭州的宫殿有仁明殿，是全太后的居所。慈先殿，是谢太后的居所。南宋慈宁殿，又称慈宁宫。它是宋高宗为母亲所修。史载，绍兴九年宋金议和，金遣宋高宗的母亲韦太后返回南宋，高宗赶紧为母亲修住所，取名慈宁殿。

3. 金朝的宫殿

金朝是少数民族建立的政权，入主中原之后，很快就汉化了，以汉族的农耕文化作为主要的文化。金人原无宗庙礼仪之事，在中原建立政权之后，却非常重视祭祀活动，修建太庙，供奉列祖列宗的画像于大殿，定期瞻仰。

金朝曾经以汴为京，沿袭北宋旧制，城内有皇宫，称大内。与北宋皇宫不同的是，基址稍向东移。皇宫最重要的大门是南边的承天门。古人重视天道，讲究“奉天承运”，因此常常将南边的宫门称为承天门。此门有五个门洞，门上建有丹凤楼。

金朝的皇宫中有正殿——大庆殿。由于古人把皇帝作为天子、龙子，所以此殿以“龙”作为主要的图案。殿壁上绘有数丈长的四条巨龙，正面墙上有金宣宗御画小龙，大殿上方的方井也装饰了腾空飞舞的金龙。

值得注意的是，由于游牧文明具有雄健豪迈的气质，因此，北方少数民族修建的宫殿往往呈现独有的一些特色。金朝的宫殿，其屋顶曲线刚劲有力，斗拱硕大。这无疑为汉民族农耕文明的宫殿建筑注入了新的生机。

第四节　规整与宏阔

元明清三朝的都城都在北京，北京的宫殿是中国重要政治活动的场所，也是帝王文化的象征。这时的宫殿突出的特征是规整与宏阔。

一　金元的奠基

早在元代进入中原之前，金朝就以北京作为中都，其宫殿因袭北宋规制，但中轴线上的建筑分皇帝正位和皇后正位两大组，广泛使用青绿琉璃瓦和汉白玉石，使整个建筑绚丽多彩。金朝宫殿的遗址位于明北京城西南。

元朝以北京作为大都【图 1–6】，其宫殿在都城南部，分三部分：大内宫城是朝廷所在，在全城的中轴线上；在中轴线上建有大明殿、延春阁两组，为皇帝、皇后正位。宫城之西有太后所居的隆福宫和太子所居的兴圣宫；宫城以北是御苑。

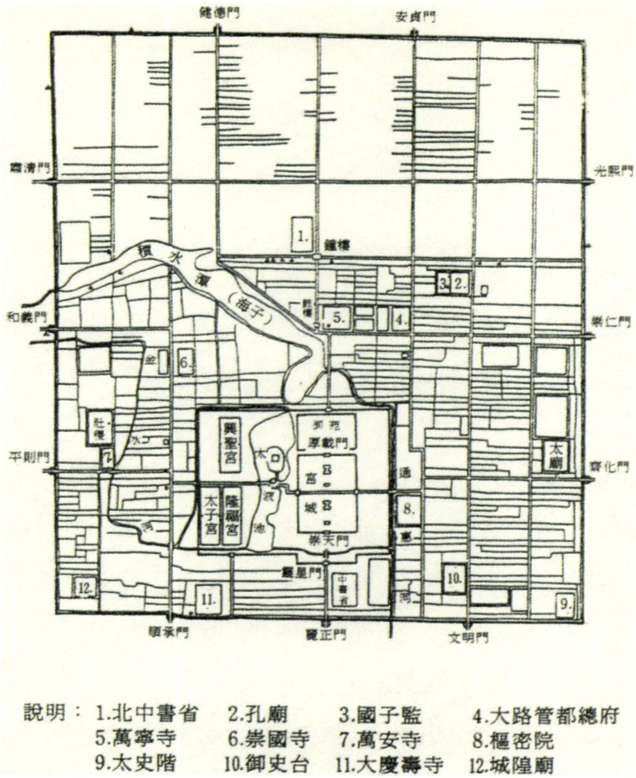

图 1-6 元大都平面示意图

元朝宫殿有不少特色，如在传统汉式殿宇内用毛皮或丝织品作壁障、地衣、不显露墙面、地面和木构架，保持了游牧民族毡包生活习尚；琉璃瓦当时已发展出黄、绿、青、白等多种色彩，又喜用红地金龙装饰；还有畏吾儿殿、棕毛殿和砖石结构建筑，显示了汉、藏、中亚等多民族建筑因素的影响。

此外，元朝还在今西安城东北三千米处修过一座安西王宫，俗称达王殿。意大利旅行家马可·波罗在《游记》中对安西王宫有过介绍。此宫后来毁于战火。

金元先后在北京建都，奠定了后来明清两朝宫殿的基础，对明清的宫殿文化影响很大。

二　明清的宫殿

1. 明前期的宫殿

明朝前期的宫殿建在南京城，此地是由大臣刘基选定的，认为是钟山“龙盘”之头，且位于钟山之南，是生气旺盛之地。南京宫殿始建于元末（1366），宫城在旧城外东北侧钟山西趾的南麓下，当时称为紫禁城。全城二里见方，六个门，正门为午门，有纵横交错的“十”字形轴线。明初的治国方略均在这个宫殿制定，为明朝江山的稳定做出了贡献。

明代南京宫殿的特点有三个方面，一是较为简朴，鲜见雕梁画栋。二是地点有隐患。其北倚钟山，南临平野，形势显敞，且与旧城区分明确，互不干扰，也无官署与民居杂乱交混的弊病。但地势较低，出现了沉降隐患。此地的地基原是一片湖泊，即燕雀湖，地势低洼潮湿，土壤下陷。为了建造宫殿，朝廷动用大量民力填湖，填进了许多巨大的石块，以为万无一失。不料大殿完工后，沉重的建筑物把地基压得不断下降，呈现出南高北低的倾向。一些堪舆家散布谣言，说洪武皇帝的宫殿从宫门到宫殿越走越低，意味着对后世不利。朱元璋忧心如焚，但因年老体衰，没有精力顾及维修与改建宫殿。三是讲究整体性。皇城正门称洪武门，门内御道两侧为中央各部和五军都督府，御道北端有外五龙桥，过桥经承天门、端门，到达宫城正门午门。整个宫殿分为前朝后寝。在南北中轴线的前段，有“前朝五殿”，由南而北是奉天殿、华盖殿、谨身殿，两侧西有武英殿，东有文华殿。朝臣晋见时，文臣从东华门到文华殿候旨，武臣从西华门到武英殿候旨。奉天殿是正殿，亦称金銮殿，是皇帝即位与举行国家大典的场所。中轴线的后段有后寝，亦称后廷。正宫为乾清宫、坤宁宫，两侧有奉先殿、春和殿等建筑。这种在中轴线上前后建两组宫殿的布置与金中都、元大都宫殿相同，但它又以外朝三殿比附三朝，以洪武门至奉天殿前的五座门比附五门。后来明成祖在北京修筑的紫禁城，从整体格局上也是依照南京的宫城修筑的。

朱棣发动靖难之役时，攻破南京，宫殿发生大火，毁坏了不少。南京宫殿随着岁月的流逝而破败不堪，今只存午门和东西华门的基座。

明代，在其他地方也有宫殿，如成都有蜀王府。作为亲王府邸，蜀王府的规格与皇宫近似。蜀王府坐北朝南，门外有石狮、华表、金水河。从端礼门进入蜀王府，中轴线上有承运殿，圆殿、存心殿。存心殿后是“后寝”，是蜀王与妃嫔的居住禁区。整个蜀王府，如果与北京的紫禁城相比，只不过是规模小一点，名称有差别，样式却是紫禁城的复制。就是这样一个宗藩王府，到了明末却成了农民起义领袖张献忠的王府，大西王朝在此开科取士，任命官员。张献忠兵败离开蜀王府时，一把火毁掉了这座宫殿。

2. 北京的紫禁城

明成祖下令迁都北京，将政治中心转移，并在新的都城大修宫殿。

北京的故宫（即紫禁城）始建于明永乐四年（1406），1420 年基本竣工。故宫是在元大都宫殿的基础上兴建的。明初主持设计者是蒯祥（1397—1481），字廷瑞，苏州人。明代，江浙一带的经济文化发达，园林艺术达到一个鼎盛阶段。因此，许多能工巧匠都出自江浙，苏州的蒯祥就是其中的佼佼者。

故宫宫殿【图 1-7】是沿着一条南北向中轴线排列，三大殿、后三宫、御花园都位于这条中轴线上，并向两旁展开，南北取直，左右对称。这条中轴线不仅贯穿在紫禁城内，而且南达永定门，北到鼓楼、钟楼，贯穿了整个城市，气魄宏伟，规划严整，极为壮观。

就像《周易》每个六爻卦都有内卦与外卦一样，故宫的建筑依据其布局与功用分为“外朝”与“内廷”两大部分。“外朝”与“内廷”以乾清

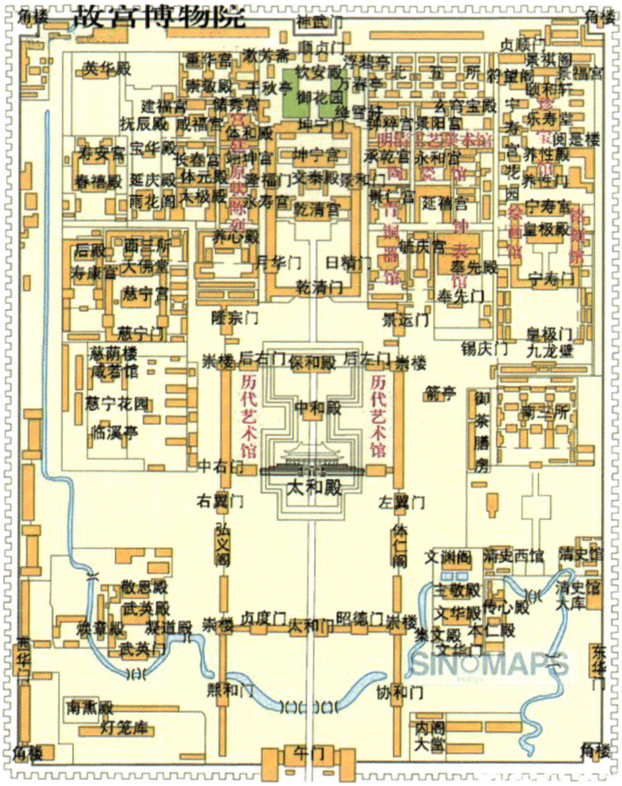

图 1–7 故宫布局图

门为界，乾清门以南为外朝，以北为内廷。其实，中国古代民居中的商业街道也是类似的模式。我们通常见到的明清古街，均是临街面的是店铺，店铺之后是住家，生活与生意形成有机联系，成为一个整体的单元。

故宫的正门叫“午门”，俗称五凤楼。东西北三面以 12 米高的城台相连，环抱一个方形广场。正中有重楼，是 9 间面宽的大殿，两翼各有 13 间的殿屋向南伸出，四隅各有高大的角亭，辅翼着正殿。这种形状的门楼称为“阙门”，是中国古代大门中最高级的形式。午门是皇帝下诏书、下令出征的地方。每遇宣读皇帝圣旨，颁发年历书，文武百官都要齐集午门前广场听旨。

在午门以内，有广阔的大庭院，当中有弧形的内金水河横亘东西，金水河上有5座桥梁，装有白色汉白玉栏杆，随河宛转，形似玉带。北面就是外朝宫殿大门——太和门，左右各有朝房、廊庑。

太和门内，在30 000多平方米开阔的庭院中，是外朝的中心：太和殿、中和殿、保和殿，统称三大殿。故宫外朝、内廷的功能迥然不同。外朝是皇帝举行朝会的地方，也称为“前朝”。它是皇帝行使权力、举行盛典的地方。

太和殿（明朝称奉天殿、皇极殿），俗称“金銮殿”，太和殿高35.05米，东西63米，南北35米，面积2380多平方米。太和殿是五脊四坡大殿，从东到西有一条长脊，前后各有斜行垂脊两条，这样就构成五脊四坡的屋面，建筑术语上叫庑殿式。檐角有10个走兽（分别为龙、凤、狮子、天马、海马、狻猊、押鱼、獬豸、斗牛、行什），为中国古建筑之特例。从14世纪明代起，重檐庑殿是封建王朝宫殿等级最高的形式。太和殿有直径达1米的大柱72根，其中6根围绕御座的是沥粉金漆的蟠龙柱。殿内有沥粉金漆木柱和精致的蟠龙藻井，殿中间是封建皇权的象征——金漆雕龙宝座，设在殿内高2米的台上，安放着金漆雕龙宝座，御座前有造型美观的仙鹤、炉、鼎，背后是雕龙屏。太和殿是故宫中最大的木结构建筑，是故宫最壮观的建筑，也是中国最大的木构殿宇。太和殿是皇帝举行重大典礼的地方，即皇帝即位、生日、婚礼、元旦等都在这里庆祝。

中和殿（明朝称华盖殿、中极殿）位于太和殿后。中和殿高27米，平面呈正方形，面阔、进深各为3间。中和殿是皇帝举行大典前稍事休息和演习礼仪的地方。皇帝在去太和殿之前先在此稍作停留，接受内阁大臣和礼部官员行礼，然后进太和殿举行仪式。另外，皇帝祭祀天地和太庙之前，也要先在这里审阅一下写有祭文的“祝版”；在到中南海演耕前，也要在这里审视一下耕具。

保和殿（明朝称谨身殿、建极殿）在中和殿后。保和殿高29米，平面呈长方形，面阔9间，进深5间。保和殿是每年除夕皇帝赐宴外藩王公的场所。保和殿也是科举考试举行殿试的地方。

太和殿和中和殿、保和殿都建在汉白玉砌成的8米高的工字形基台上，太和在前，中和居中，保和在后。远望犹如神话中的琼宫仙阙。基台三层重叠，每层台上边缘都装饰有汉白玉雕刻的栏板、望柱和龙头，三台当中有三层石阶雕有蟠龙，衬托以海浪和流云的“御路”。在 25 000 平方米的台面上有透雕栏板 1415 块，雕刻云龙翔凤的望柱 1460 个，龙头 1138 个。用如此多的汉白玉装饰的三台，造型重叠起伏，这是中国古代建筑上具有独特风格的装饰艺术。

外朝中轴的两翼东有文华殿、文渊阁、上驷院、南三所；西有武英殿、内务府等建筑。外朝从行政办公的角度出发，功能良好。三大殿是神圣的，两边的建筑是附属，工作人员可以靠近皇帝，随叫随到。

内廷以乾清宫、交泰殿、坤宁宫后三宫为中心，两翼为养心殿、东西六宫、斋宫、毓庆宫，后有御花园。它是帝王与后妃居住之所。

乾清宫在故宫内庭最前面。乾清宫是内廷正殿，高 20 米。殿的正中有宝座，内有“正大光明”匾。这块匾在清雍正以后，成为放置皇位继承人名单的地方。雍正为防止皇子之间因争夺皇位而互相残杀，采用秘密立储的方法，即生前将皇位继承人的名单写在纸上放在匣子中，一份放在“正大光明”匾额后，一份由皇帝随身携带，待皇帝死后打开匣子当众宣布皇位继承人。殿两头有暖阁。乾清宫是皇帝的寝宫。清康熙前此处为皇帝居住和处理政务之处。清雍正后皇帝移居养心殿，但仍在此批阅奏报，选派官吏和召见臣下。

坤宁宫在故宫“内廷”最后面。坤宁宫是明

朝及清朝雍正帝之前的皇后寝宫，两头有暖阁。清代改为祭神场所。雍正后，西暖阁为萨满的祭祀地。其中东暖阁为皇帝大婚的洞房，康熙、同治、光绪三帝，均在此举行婚礼。

交泰殿在乾清宫和坤宁宫之间，含“天地交合、安康美满”之意。其建于明代，清嘉庆三年（1798）重修，是座四角攒尖，镀金宝顶，龙凤纹饰的方形殿。明清时期，这里是皇后生日举办寿庆活动的地方。清代皇后所谓亲蚕典礼，需至此检查祭典仪式的准备情况。清代的“宝玺”（印章）也收藏在这里。

清朝自雍正之后，养心殿成为皇帝在故宫内的实际居所。清同治年间，慈禧、慈安两位太后垂帘听政就在养心殿东暖阁。

在后三宫东西庑，还有为皇帝存储冠、袍、带、履的端凝殿，放置图书翰墨的懋勤殿。南庑有皇子读书的上书房，有翰林学士承值的南书房，以及管理宫廷日常生活的处所。此外还有左右对称的日精门、月华门、龙光门、凤彩门、基化门、端则门、隆福门、景和门，通往妃子居住的东西六宫。这种左右对称的平面布局，也是中国古代建筑的特征之一。

后门“神武门”，明朝时为“玄武门”。清康熙年间因避讳改称“神武门”。神武门大殿只有5开间加围廊，没有左右向前伸展的两翼，所以在形制上要比午门低一个等级。神武门是宫内日常出入的门禁。现神武门为故宫博物院正门。

概括起来，故宫有两个突出的特征：

第一，故宫注意整体布局。故宫严格地按《周礼·考工记》中“前朝后市，左祖右社”的帝都营建原则建造。整个故宫，在建筑布置上，用形体变化、高低起伏的手法，组合成一个整体。在功能上符合封建社会的等级制度。在整体方面，故宫的方位感很强。天地之间的方位有东南西北，《周易》有“四象”之主，故宫有四个门。正门名午门，东门名东华门，西门名西华门，北门名神武门。我国地势西北高东南低，故宫就在北门外用土石筑成了景山。景山是故宫建筑群的屏障，用以壮景观，阻挡冬季从北边吹来的寒气。

第二，故宫讲究数字的文化性。故宫南北长961米，东西宽753米，面积约为725 000平方米。建筑面积155 000平方米。宫城周围环绕着高12米、长3400米的宫墙，墙外有52米宽的护城河环绕。这些“米”都是现代的度量单位，而古代是用鲁班尺之类的工具度量，尺寸的长短讲究吉利的数字，有文化的内涵。虽然其中有迷信色彩，但确是一种建筑民俗。相传故宫内共有9999.5间。实际据1973年专家现场测量，故宫有大小院落90多座，房屋有980座，共计8707间。其实，“间”是一个相对的概念，今人以一室为一间，间有大有小。而8707间的“间”并非现今房间之概念，“间”指四根房柱所形成的空间。

紫禁城建成后，经历了明、清两个王朝，到1911年清帝逊位的约500年间，历经了明、清两个朝代24位皇帝，是明清两朝最高统治核心的代名词。

1911年辛亥革命后，紫禁城宫殿本应全部收归国有，但按照那时拟定的《清室优待条件》，逊帝爱新觉罗·溥仪被允许“暂居宫禁”，即“后寝”部分。1924年，冯玉祥发动“北京政变”，将溥仪逐出宫禁，同时成立“清室善后委员会”，接管了故宫。1925年10月10日故宫博物院正式成立，对外开放。1925年以后，紫禁城才被称为“故宫”。

三 清朝入关前的宫殿

清朝入关前，于1636年在今沈阳市区建宫殿，规模较小，分三路建筑。

满族人最初在东北活动，努尔哈赤以赫图阿拉城为都，国号大金。后来，努尔哈赤迁都沈阳，大修宫殿。1631年，皇太极把京城改名为盛京，满族人也不断强盛起来。清朝入关之后，皇帝还多次回到盛京故地，并拨款维修宫殿。

现存“盛京皇宫”占地60 000多平方米，有楼台殿阁100余座。从俯视的角度看，皇宫是三个长方形大院。从中间的大清门进入，在迎面的一个长方形大院里，其中轴线上有崇政殿、凤凰楼、清宁宫，这条中轴线两旁有东宫与西宫，均有纵向的建筑，分别形成了两条中轴线。在这个长方形大院的东侧有一个大院，是当时的汗王与八旗诸王大臣议政的地方。

故宫北侧正中有大政殿【图 1-8】。大政殿的造型很像是一座双层屋顶的八角亭子，在清代俗称为“八角殿”或“八方亭”。不过，按照正规的叫法应是“八角重檐攒尖顶大木架结构”建筑。大政殿高 21 米，由上至下可以分成殿顶、殿身、殿基三个部分。

在大政殿前左右两侧，各排列着五座方亭。东侧由北向南依次是左翼王亭，镶黄旗亭、正白旗亭、镶白旗亭、正蓝旗亭，西侧则相应为正黄

图 1-8 沈阳故宫大政殿

旗亭、正红旗亭、镶红旗亭、镶蓝旗亭，俗称“十王亭”或“八旗亭”。这些亭子的名称来源于八旗制度。

大政殿外观共有内外两圈 32 根红柱，最引人注目的是南侧殿门外两柱上的金龙，昂首探爪仿佛正欲争攫中间的火焰宝珠。在殿柱顶端的外侧，各有相貌威猛、非狮非牛的兽面。据说这是藏传佛教传说中的一种神兽，把它装饰在建筑上，既能带来吉祥又可体现统治者的威严。

清朝迁都北京后，盛京城的官员还保留着“坐班”和“朝贺”两项在大政殿前举行的仪式。按照清入关前的规定，每月初五、十五、二十五是“常朝之日”，相关文武官员必须到皇宫殿前排列整齐，经礼部官员点名查验后，“有事早奏、无事退朝”。

在崇政殿前东西两侧，各有一座样式相同的五间硬山顶二层楼房，东为飞龙阁，西为翔凤阁，与大清门、崇政殿共同构成一个完整的建筑布局单元。

这两座楼阁是金銮殿的左辅右弼。在清代宫廷中，以“阁”命名的建筑大多是做存贮古器文玩、图书典籍之用。飞龙、翔凤二阁从乾隆时期至清末，是盛京清宫最重要的藏珍蓄宝之处。

飞龙阁内上层，原用作存放清历朝皇帝所用武备。满族是一个以骑马射箭著称的民族，清代的皇帝们自幼即练就娴熟的弓马技艺。飞龙阁内所藏，便是他们生前用过的各种弓箭、鞍辔、甲胄、刀剑中的一部分，从太宗朝至穆宗（同治）朝共有 4000 多件，绝大多数是乾隆至光绪年间陆续由北京送到这里的。皇帝东巡盛京时，往往要亲自登楼阅视这些先帝遗物，以示珍视和敬重。

飞龙阁下层的主要藏品，是乾隆四十七年（1782）奉旨从北京运来的一批古代青铜器。其中包括商、周、汉、唐历朝所制鼎、彝、盉、盘、卣、爵、觚、钟等共 800 件，按编号存放在 13 座大柜中。在乾隆晚年著录宫内所藏古铜器时，将盛京的这批藏品集中收载在《西清续鉴》一书中，成为清宫藏宝一个特殊的专项。

翔凤阁内贮存的，主要是供皇帝东巡期间使用和赏赐的物品，基本上都是乾隆时期从北京宫中调运至此。其种类之多、历史和艺术价值之高，比飞龙阁内所藏有过之而无不及。其大致可以分为三类：一是供各宫殿内陈设的御用器物，包括玉器、瓷器、漆器、珐琅器、金银器、竹木牙角雕刻制品、文房四宝等，连同备用品在内共 2000 多件，大多是清代宫中御用珍品；二是备皇帝至盛京时穿用和赏赐的服饰、衣料、荷包等，共 4000 余件；三是供皇帝驻跸期间查阅和欣赏的古籍、舆图、书画等近千件，其中唐、宋、元、明、清历代名家作品 300 余件尤为著名，后人曾有《盛京故宫书画录》一书专门记述。

四　太平天国时期的宫殿

中国历史上最后兴修的旧式宫殿，是太平天国时期的宫殿【图 1–9】。以洪秀全为首领的太平天国定都天京（今南京）。天王虽然不自称为皇帝，但实为皇帝。1853 年，洪秀全下令拆除明故宫材料及民房万余间，兴修天朝宫殿。宫殿周围十余里，分内外两重，外城称为太阳城。由南向北依次有大照壁、天台、牌楼、五龙桥、圣天门、忠义门，然后是核心部分的金龙殿，又称为真神荣光殿。洪秀全在殿门撰对联云：“虎贲三千，直扫幽燕之地。龙飞九五，重开尧舜之天。”金龙殿五间八架，重檐圆顶，柱上的蟠龙以金贴成，闪闪发光。金龙殿后有天父殿、天兄殿。整个宫殿气势开敞，对称庄重，备极华丽。

图 1–9 太平天国天朝宫殿

第二章 规天矩地

“非壮丽无以重威”。历代帝王宫室，无不为当时最为恢宏的建筑群体，拥有辉煌灿烂的文化内涵以及森严肃穆的等级氛围。总体说来，宫殿的营建具备中轴对称、前朝后寝、三朝五门、左祖右社、城郭有秩等原则和制度，这种布局制度一直延续到明清，成为中国古代宫殿建筑的正统布局形式。“规天矩地”，体现的正是中国宫殿规整严谨的建筑布局以及天人合一的建筑伦理思想。

第一节　中轴对称

先民们通过对自身身体的观察和各种经验总结发现，左右对称的布局最为稳固、庄重、美观，由此，中国古代建筑群平面多采用了左右对称的布局。这一布局中，对称的中间分界线往往起着统率全局的作用，被称为“中轴线”。

人于中轴线上的制高点统观全局之时，强烈的稳定感、协调感、安全感、尊贵感和自豪感油然而生，并隐隐生出天人感应之感，极为符合帝王们表现君权受命于天、希望江山稳固、唯我独尊的心理。因此，宫殿建筑都采用严格的中轴对称布局方式，并将帝王起居的最高大壮丽、地位尊崇的建筑建于中轴线之上，次一级的建筑建于左右两侧，以体现皇权的至高无上、统治的等级森严。

当人们要觐见天子之时，从远处步行而来，

沿途两侧建筑越来越华贵庄严，越来越高大巍峨，视觉冲击的逐步加强往往带来心理压力的逐渐增大，对于帝王神圣权威的畏惧心理也一路加强。抵至皇宫正殿，无与伦比的辉煌建筑与森严肃穆的皇家排场更是将这种情绪推到极致。待到亲见天子之时，往往让人不由自主地俯身跪拜、高呼万岁，以宣泄心中积累的紧张情绪与心理压力，皇权的至高无上将在朝见人心底形成根深蒂固的烙印。

正因为如此，历代为烘托出帝王宫殿的尊严华贵，都城和皇宫的中轴线往往尽量设计得纵长深远。和古今中外所有经典的建筑布局一样，中轴对称的原则也经历了一个从产生、发扬及至成熟的发展过程。

中国的建筑布局讲究中轴对称历史悠久，早在新石器时代已现端倪。甘肃秦安大地湾 F901 是一座距今约 5000 年的仰韶文化晚期的大型房屋遗址【图 2-1】。它是我国迄今发现的史前时期面积最大、工艺水平最高的多间复合式房屋建筑，被称为最早的“原始宫殿”。

夏王朝的都城和宫殿的营建已能明显看出采用了中轴对称的布局原则。目前公认的夏都——二里头遗址，其内发现有纵横交错的中心区道路网、方正规矩的宫城与宫墙，以及具有中轴线规划的大型宫殿建筑基址群，是一处经过缜

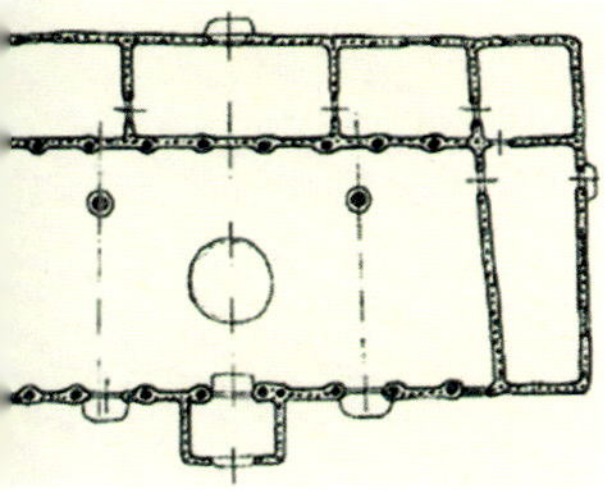

图 2-1 甘肃秦安大地湾 F901 平面复原图

密规划的大型都邑。作为其中的重要宫殿基址，二号宫殿遗址自考古发掘出土以来就备受国内外研究者的关注。

西周是我国古代都城和宫殿建筑布局原则定型的时期，中轴对称在此以后成为定制。陕西省岐山县凤雏村发现了西周早期的大型宫室建筑基址。基址由三个庭院及其四周围绕的若干房屋组成，是目前我国考古发现的西周时期最完整的建筑群体。凤雏宫殿建筑规模宏大、布局严整，是中国已知最早、最完整的四合院。宫殿中轴线上的主体建筑统率全局，两侧对称分布大小不一、功能不同的单体建筑，可谓中轴对称布局的模板。这种庭院式、中轴对称而又主次分明的宫殿建筑布局方式，为后世所继承。

秦汉魏晋时期，宫城仍然按照中轴线布局，并在宫殿建筑规划中有所创新和发扬。与此同时，历代统治者也逐步认识到将宫殿中轴线与都城中轴线重合所带来的好处。但直到东晋，从都城的总体布局看，宫殿中轴线与都城中轴线仍未达到相统一的地步。西汉长安城的主要宫殿为未央宫与长乐宫，它们分列都城轴线两侧。到了东汉时期，洛阳城的主要宫殿南宫和北宫，虽已呈南北纵向排列于都城中轴线之上，但与宫殿本身的中轴线间仍有相错。魏晋时期，宫城内更是存在两条平行并列的轴线，宫城的两座宫门分别对应着两座主要建筑，这被称为“骈列制”。

及至隋唐，在经过了新石器时代的起源、三代的设定、秦汉魏晋的探索创新这一漫长曲折的发展过程之后，帝王们在总结了历代都城与宫殿设计的各种得失的基础上，终于确定了通行后世的成熟的中轴对称原则。这一时期，不仅宫殿为严格规整的中轴对称的布局——宫城中主要殿宇沿中轴线布局，辅助建筑分别平行于中轴两侧布置，更为重要的是，宫城的中轴线同时成了都城的轴线，完成了两条重要轴线的高度统一。隋初建大兴宫，唐睿宗景云元年（710），改称太极宫。它位于唐长安城中央的最北部，和东侧的东宫、西侧的掖庭宫合称京大内。全宫主要建筑皆建于中轴线沿线，其他殿、院、阁、门分布于两侧，左右对称。太极宫的整条轴线由北向南从甘露殿发出，经两仪殿、太极殿，到太极门、承天门，由承天门出宫城后向外延伸，经皇城的朱雀门直达都城正门明德门，又成为长安城的中轴线。当各地官民和外国使臣由明德门进入长安城，途经这一长近 10 000 公里的中轴线，一路向北，将为沿途繁华的街市、庄严的官署、巍峨的宫殿所深深折服，对大唐天子的敬畏之心也将在这一过程中逐渐加深到无以复加的程度。唐长安城的这一建筑布局，将大唐天子的权威展现得淋漓尽致。

唐长安城【图 2–2】的这一成熟的中轴对称

原则在宋元明清历朝都得到了完整地继承和加强。皇宫从都城中轴线的北端起点移到中央，成为这一时期中轴对称原则的新发展。宋代宫殿开始创新地发展出御街千步廊制度，即在大内正门宣德楼前御街两侧设很长的御廊，两侧按文东武西的格局，设置机关办公机构。千步廊纵长深远，两侧的建筑能进一步衬托中轴线上的主体建筑，为后世所继承。元大都的中轴线，南自丽正门，穿皇城棂星门、宫城崇天门和厚载门，经万宁桥，直达位于都城正中央的万宁宫中心阁。明清北京

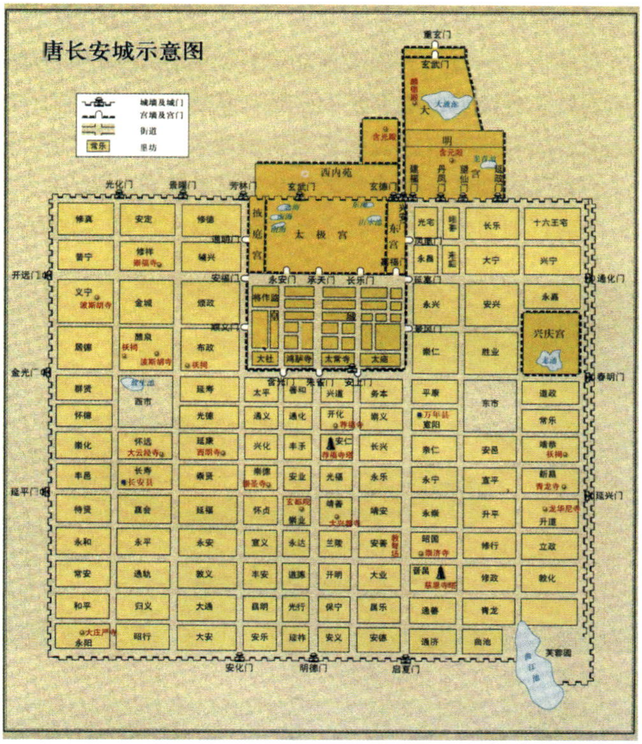

图 2-2 唐长安城示意图

城在元大都的基础上加以扩建改进，在中轴对称布局上可谓达到了极致。

梁思成先生曾在《北京——都市计划的无比杰作》一文中对北京城做过如此赞美：“一根长达八公里，全世界最长，也最伟大的南北中轴线穿过全城。北京独有的壮美秩序就由这条中轴的建立而产生；前后起伏、左右对称的体形或空间的分配都是以这中轴线为依据的；气魄之雄伟就在这个南北引申、一贯到底的规模。”故宫的宫殿【图 2–3】正是沿着这条“南北引申、一贯到底”的中轴线纵向排列，并向东西展开，左右对称。此轴线上由南向北依次排列有午门、太和门、太和殿、中和殿、保和殿、乾清门、乾清宫、交泰殿、坤宁宫，合称为故宫“九重宫阙”。九，《周易》称之为老阳之数，阳数之极，为帝王之数。

图 2–3 紫禁城全景

九重宫阙体现了帝王的九五之尊，也将紫禁城宫殿建筑的壮丽重威推到了极致。中轴线出故宫后南接天安门、前门，到达永定门；北连地安门，到达钟鼓楼；贯穿了整个城市，气魄宏伟，规划严整，极为壮观。

中轴线作为中国建筑的一大民族特色，给人以整齐肃穆、规矩严谨的视觉感受，而实际上它想要呈现的却是中国“规天矩地”的政治伦理思想。

第二节　前朝后寝

宫殿是帝王治国理政和居住的场所，即兼具“朝”和“寝”的功能。由此，宫殿自身的布局一般分前后两大部分：前部是帝王上朝治政、举行重大典礼、朝贺和宴请的地方；后部是皇帝与后妃们生活居住的寝宫,内有御花园等以供享用,这就是所谓的“前朝后寝”。

“前朝后寝”是在上古时期住宅房屋“前堂后室”形式的基础上扩大和发展而来的。目前发现最早明确前朝后寝分立的宫殿，是位于武汉市黄陂区的盘龙城遗址。“前朝后寝”式宫殿建筑格局影响深远，继商代之后，各个朝代基本都延续并使用。《周礼》中就有“前朝后寝”“六宫六寝”的记载，后世帝王营造宫殿之时，都沿袭这一布局。我们常听闻皇后被称为“六宫之首”，正是源自于此。

周秦汉魏时期，宫殿的布局虽讲究中轴对称，但设置并不严格。尽管如此，前朝后寝的格局仍有执行。如富丽堂皇的西汉未央宫【图 2-4】，由 40 多座宫殿台阁组成。前殿是其中最重要的宫殿，是前朝的主要场所。白虎殿也是重要的朝政活动殿堂，文献记载有许多重要的活动在此举行。后寝规模宏大，包括东宫、中宫、长信宫、椒房殿等，为太后、皇后和妃嫔所居之殿。随着后宫的扩大，还设置掖庭秘狱，以宦官为令丞管理宫中之人，如长巷就是幽禁犯罪宫女的后宫监狱。据文献记载，汉代后宫等级制度森严，元帝时三分有爵位十四等。

至隋唐时期，成熟的中轴对称原则已经确

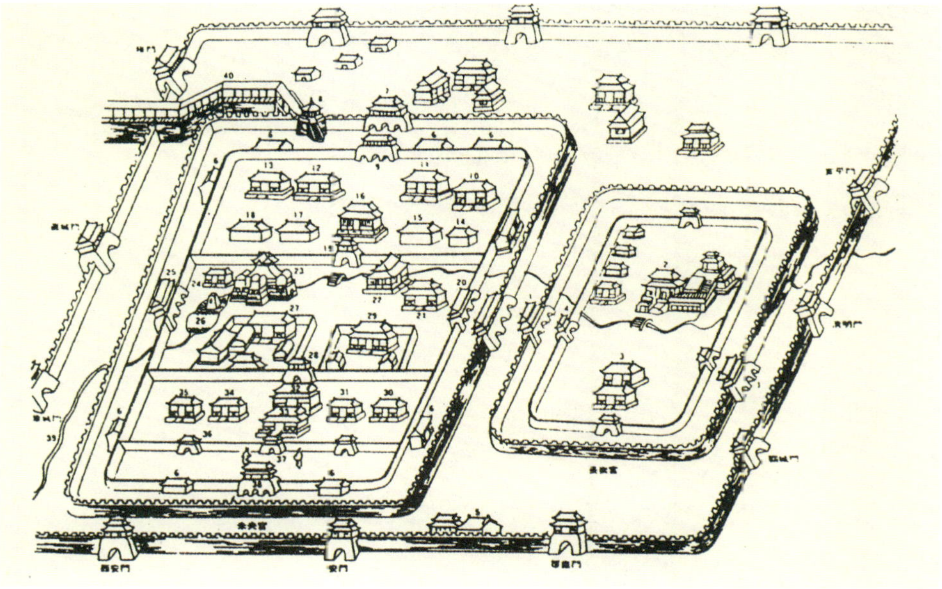

图 2-4 清人绘未央宫与长乐宫图

立，前朝后寝的主体宫殿便分布在中轴线上。唐长安城中的太极宫前朝的门殿包括承天门、太极殿和两仪殿，后寝的大殿包括甘露殿、掖庭宫等。大明宫中，前朝的大殿为含元、宣政、紫宸三殿，紫宸殿东西两侧分布十余处宫殿建筑，为寝殿。北宋东京皇宫以大庆、紫宸和垂拱等殿为前朝，福宁殿、坤宁宫为帝后寝殿。元大都宫城内主要建筑分为南北两大部分。南部以大明殿为主体，北部以延春阁为主体，两大宫殿一前一后分布在宫城也是全城的中轴线上。大明殿为前朝正殿，而延春阁主要为寝殿。延春阁后面为清宁宫，规模较小，有长廊与之相连，为妃嫔们居住的地方。

明南京城较严格地按照《周礼》制度进行规划与营造。宫城南北轴线上依次排列着前朝“三大殿”，即奉天殿、华盖殿、谨身殿；后寝“三大宫”，即乾清宫、省宫殿、坤宁宫。这种布局规整宏阔，成为明清北京城皇宫体制的蓝本。现存明清紫禁城设置有外朝和内廷两大部分，中轴线上的主体建筑即前三殿和后三宫。外朝即前朝，包括三大殿、文华殿、武英殿等三区。它以太和、中和、保和三大殿为中心，是皇帝举行朝会与盛典的地方，是皇权威严的象征。三大殿坐南朝北，东侧为文华殿、文渊阁、上驷院、南三所；西有武英殿、内务府等建筑。天子居中，右文左武，这一建筑布局体现了皇家以文武之道来治理天下的统治思想。内廷是皇帝处理日常政务之处，也是皇帝与后妃居住之所。内廷以乾清宫、交泰殿、坤宁宫（统称“后三宫”）为中心，左右两侧另有帝王长居的养心殿和皇太后居住的慈宁宫，东西两翼还有妃子们居住的东、西六宫和御花园等。

第三节　三朝五门

“三朝五门”是“前朝后寝”中“前朝”的布局结构【图 2–5】，是皇权的最高象征。为体现皇家威仪，前朝布局中对天子的办公场所根据功能的不同分为三座大殿，即为“三朝”。“五门”则是与“三朝”配套的辅助建筑和门殿构成的殿前广场建筑群。因其总体结构为沿三朝中轴对称的五门四广场，故以“五门”代称之。

“三朝五门”制度最早始于周代。据《周礼》记载，“天子诸侯皆三朝”。此“三朝”为一外朝、二内朝，内朝又分为治朝和燕朝。“五门”分别为皋门、库门、雉门、应门、路门。由南向北入皋门、经库门，即达外朝。外朝功能近似于大礼堂，重大国事的商议、钦案狱讼的处理、政策法令的颁布、重大典礼的举行都在这里进行。穿过外朝，经雉门、过应门，方达治朝。治朝功能相

图 2–5 三朝五门

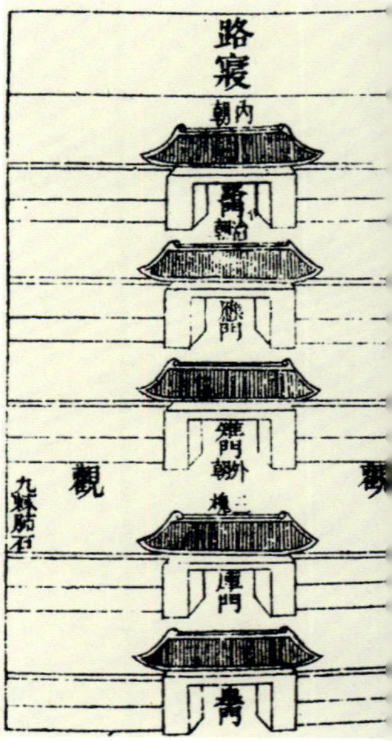

当于办公室，君王在这里日常朝会、处理奏章、接受万民上书。经治朝身后的路门，可达天子的路寝，也是燕朝的所在。燕朝作用大抵作宴会厅，是君王接见臣下，举行小型会议及册命、宴饮活动之处。

到了两晋南北朝时期，受汉代东西厢建筑布局的影响，三朝的布局由之前的南北纵向排列变化为东西横向排列。《三国志·魏书》记载，正殿太极殿之左右为东西堂，为皇帝接见臣下，处理日常国务以及宴请群臣的场所。考古发现的东晋建康宫城也证明了这点。主殿居中，为大朝会场所，两侧建东堂、西堂，用以处理日常政务，是为东西堂制度。

及至隋文帝营建新都大兴宫之时，又将“三朝”改回为纵向排列：逢大事在南部广阳门举行大朝仪；朔望在中部大兴殿听政视朝；日常在北部中华殿听政。自此纵向即南北向排列的三朝成为后世遵循的定则。

据《唐六典》记载，唐代的三朝分别称为“外朝”“中朝”和“内朝”。唐初袭隋制，改广阳门为承天门，国家大典都在此举行。根据考古勘查发现，此门有三个门道，上有高大的楼观，外有东西朝堂，前有宽400余米的宫廷广场。唐代还将大兴殿改为太极殿，作太极宫前殿，为皇帝接见群臣、处理朝政之所；将中华殿改为两仪殿，为皇帝日常听政处，其殿门名朱明门。唐高宗兴大明宫，仍沿南北轴线建含元、宣政、紫宸三殿为“三朝”。《宋史·礼志》记载：“当朝之仪，唐以宣政为前殿谓之正衙，即古之内朝也。以紫宸为便殿谓之入阁，即古之燕朝也。而外又有含元殿，非正至大朝会不御，正衙则日见群臣，百官皆在，谓之常参。”可见含元殿居南，为“大朝”（外朝）；宣政殿居中，左右设有朝廷各重要机构，为“中朝”（治朝）；紫宸殿居北，为“内朝”（燕朝）。紫宸殿紧连后宫，官员奉召入此殿朝见亦称“入阁”。宫前横列五门，为甘露门、两仪门、朱明门、极门、承天门。

北宋都开封后，皇宫在旧节度使府衙基础上扩建，营建受城市布局的限制显得较为局促。由此，北宋皇宫的“三朝”设置并不在同一轴线上。中轴线上有外朝的正殿大庆殿和皇帝朝会的紫宸殿。轴线以西有两组宫殿，大庆殿西为文德殿，为皇帝正朔受朝及议事殿堂；紫宸殿以西为日常视朝及宴会的垂拱殿。

元大都的大内没有建三朝，而是在中轴线上前后建大明殿和延春阁两组庭院。大明殿为皇帝登基、举行大典的正殿，延春阁为皇后居住的正殿，这两组庭院的正殿与后面的寝殿以穿堂相连，形成“工”字形布局，带有游牧民族政权宫殿的特色。

明立国后，又严执《周礼》，表明奉祚正朔、以儒治国。明南京紫禁城作奉天殿、华盖殿、谨身殿“三朝”，并在殿前作奉天门、午门、端门、承天门、洪武门“五门”。《明史》卷五十三记载：“古礼，天子有外朝、内朝、燕朝。汉宣帝五日一朝。唐制，天子日御紫宸殿见群臣曰常参，朔望御宣政殿见群臣曰入阁。宋则侍从官日常垂拱谓之常参，百司五日一朝紫宸谓六参，在京朝官朔望朝紫宸谓朔参、望参。”也就是说，明初在奉天殿举行大朝及朔望常朝，而在华盖殿举行平日早朝。明成祖朱棣迁都北京后，遵南京紫禁城之制设置三朝五门，为奉天殿、华盖殿、谨身殿和奉天门、午门、端门、承天门、大明门。而我们今日所见之北京故宫，即是延续历代宫殿所遵循的“三朝五门”制度，在明北京城的基础上，设三朝即太和殿、中和殿及保和殿，而五门即太和门、午门、端门、天安门和前门。

第四节　左祖右社

国之大事，唯祀与戎。祭祀作为国之大典，为历代帝王所高度重视。祭坛庙宇也成为历代皇家宫殿建筑中规格最高、最为重要的殿堂建筑之一，有着严格的布局要求与建造规制。“左祖右社”即是这类建筑在宫殿建筑群中的布局原则。据《周礼·小宗伯》记载，“建国之神位，右社稷，左宗庙”。即在宫殿右前方设祭祀土地神、谷神的社稷坛，在宫殿左前方设祀祖先的祖庙。这一布局体现了中国礼制中敬天法祖、提倡孝道的思想和以农为本的立国之策。一般说来，宗庙的空间位置设在整个王城的东或东南部，社稷坛的空间位置则在西或西南部，这种做法自西周以降一直被沿袭。清代以左为尊、以东为上，所以左在前，右在后。太庙和社稷坛尽管位于宫城外部，但由于它们是根据帝都营建原则来兴建的，所以它们与宫殿建筑群是一体的。

太庙为帝王的宗庙，这是历朝敬天法祖思想的体现。最早的宗庙性质的建筑见于距今约5500年的红山文化牛梁河遗址中。该遗址发现有女神庙、祭坛以及大量积石冢组成的祭祀遗址群。女神庙是供奉女性先祖的庙宇，由两个单体建筑组成。其中一座为长条形半地穴式单间房屋；一座是由前室、主室、后室及左、右侧室组成的多间房屋。房址内重要的发现是一个基本完好的泥塑女神头像，真人大小，面部涂红，眼内镶有淡蓝色饼状玉片做成的眼珠，惟妙惟肖。此外房内还伴出有泥塑鸟翅、猪龙鼻和鹰爪等。发掘者根据出土遗物推测，女神像代表的很可能是统治者或其先祖。该建筑群为形制复杂的组合建筑，其中主殿为多室结构，主次分明、左右对称、前后呼应。其规模之大、等级之高，远超史前时期一般房屋，开创了后世宗庙格局之先河。

2011年3月，河南省文物考古研究所于河南禹州瓦店遗址西北台地，发现保存较好的龙山时代王湾三期文化晚期大型环壕聚落遗址。遗址内发现有大型夯土建筑基址，平面呈“回”字形，与壕沟的走向大体一致。在建筑的回廊部分不仅发现数个柱洞，还在夯土中发现用于奠基的人牲遗骸数具。通过对瓦店遗址两处建筑基址的形状、结构和包含物的分析，发掘者认为，这里可能是与祭祀活动有关的遗迹。这种位于聚落（城邑）南部且对称布局的祭祀遗迹，或是古代“左祖右社”建筑格局之滥觞。由此，瓦店遗址也被认为很可能是夏代首领禹、启的阳翟城。

“左祖右社”建筑格局虽明确载于《周礼》，但考古发现所见之先秦时期都城的实际格局，与文献相符者极少。按照周制，帝王祭祀祖先的宗庙位于宫门前左（东）侧。然古代宗庙，是每庙一主。夏五庙，商七庙，周亦七庙。汉代则不仅京城立庙，各郡国同时立庙，于是其数高达 176 所。这一现象使得宗庙数量庞大，星罗棋布，单从考古发现的建筑基址上难以辨认宫庙所属，因此也较难从遗址布局上印证“左祖右社”。现在主流的观点认为，春秋以前流行宫庙一体，以宗庙为主，而经战国以迄秦汉，则变成了宫、庙分离，以宫殿为主。秦汉以降宫殿为主之宫庙格局的形成与发展，是君主集权政治发展的必然结果。

约魏晋开始，每庙一主变为一庙多室、每室一主的形制。魏有 4 室，晋有 7 室，东晋有 10 至 14 室，亲尽则祧迁。原在庙内两厢别立夹室“储”，贮放已祧神主，后世则另立祧庙于殿后。唐代规定一庙九室；明清亦沿袭一庙九室，另立祧庙之制。至于祭宗庙以功臣配享的制度，可溯至汉代。明清太庙的两庑，即是平日贮存配享功臣神主所在。紫禁城太庙是明清两代皇帝祭祖的宗庙，是严格依据“左祖右社”的规制，与故宫、社稷坛同时建造的。它始建于明永乐十八年（1420），明嘉靖十五年（1536）明世宗将太庙合祀制度改为分祭，设九庙分别供奉历代祖先。嘉靖二十年（1541），九庙中的八庙祾焚，仅存睿庙。嘉靖二十四年（1545），重建新庙，恢复了“同堂异室”的合祀制度。太庙的后殿及两庑是明弘治四年（1491）建成的，以后不断扩建。

紫禁城太庙【图 2–6】，占地 140 000 平方米，是我国现存最完整的、规模最宏大的皇家祭祖建筑群。太庙建筑采用中轴对称式布局，琉璃门、汉白玉石拱桥、戟门、三大殿依次排列在中轴线上，井亭、神厨、神库等配殿依次排列于两侧，外围红墙三道。太庙正殿为享殿（前殿），是皇帝举行大祭活动的场所。其始建于明代，明末清初被毁得只剩中间三间和殿柱。顺治年间重修。

图 2–6 太庙

完工后的大殿面阔11间，进深4间，尺寸略小于太和殿，殿额有满汉文对照的“太庙”。殿内供奉木制金漆的神座，帝座雕龙，后座雕凤。座前陈放有供品、香案和铜炉等。殿前有月台和宽广的庭院，东西两侧各有配殿15间，内设皇族和功臣的牌位。正殿后的寝殿（中殿）是供奉历代帝后神位之处，面阔9间。东西两侧各建配殿5间，用以储存祭器。前、中殿共建于三层汉白玉须弥座台基上，气势雄伟，比故宫太和殿还高2米，被认为是至高无上的象征。后殿为祧庙，是供奉皇帝远祖神位之处。太庙内广种古柏，树龄多逾数百年，千姿百态，苍劲古拙。大面积古树簇拥着高大巍峨、堂皇壮丽的主体建筑群，再加以短距离构成的多重门、殿、桥、河的布局，人行其间，庄严肃穆、深邃神秘之感油然而生。新中国成立后，太庙改为劳动人民文化宫，原清代时的内部使用状况现已无存。

自然崇拜远早于祖先崇拜。远古时代的人们认为大地生长了草木万物，养育了人类。社为土，稷为谷，社稷是“太社”和“太稷”的合称。对社稷神的崇拜，可看作自然崇拜中对土地、谷物崇拜的发展。“民以食为天”，风调雨顺则国泰民安。而这都要祈求社稷神的庇佑。商汤时有二十四种祭祀，“祀弃为稷”为其中之一。《周礼》记载，国家成立后以宗庙社稷为先，于是“社稷”

一词还成为国家的代称。《尚书·泰誓》记述了周武王“行宜社之礼”，要祭“冢土”，即祭祀社神。周公相成王，摄政七年，在新邑建立社稷之坛，将社、稷的祭祀场所合为一处。《周礼》中还有“设其社稷之而树之田主”的记载，首次明确地为社稷设立坛、墙和神位。“社祭土而立阴气也，君南向于北墉下，答阴之义地。日用甲，用日之始也。”说明社稷祭祀在周代已有较完整的典礼仪节，包括场所、日期、主祭者、设施、神位等等具体的规定。[①]

紫禁城社稷坛【图2–7】，位于天安门西侧，为明清两代祭祀社稷神的祭坛，其位置符合周礼《周礼·考工记》“左祖右社”的规定，在皇宫之右（西）。社稷坛建于明永乐十九年（1421），其旧址是元代万寿兴国寺。清袭明制，并对社稷坛进行了多次修缮。社稷坛坐南朝北，成正方形，通高1.3米。主坛是呈正方形的三层高台，以汉白玉砌成，象征着“天圆地方”之说。四面出陛，各四级，坛的四面设汉白玉的棂星门。坛上铺有中黄、东青、南红、西白、北黑的五色土，四周短墙也按方向覆盖四色琉璃瓦。五色土是由全国各地纳贡而来的，以表示“普天之下，莫非王土”，还象征着金、木、水、火、土五行为万物之本。坛北有拜殿，也称祭殿或享殿，原为皇帝到此祭祀时休息或遇雨时行祭之处。该殿建于明初，面

① 余和祥：《略论中国的社稷祭祀礼仪》，《中央民族大学学报》，2002年第5期。

图 2-7 社稷坛五土台

阔 5 间，进深 3 间。1915 年，社稷坛改为中央公园。1925 年，孙中山先生在北京逝世，曾在社稷坛拜殿内停放灵柩，接受各界人士吊唁。1928 年，社稷坛拜殿改名为中山堂，而后社稷坛也改名为中山公园。

坛庙建筑作为一种介于宗教建筑与非宗教建筑之间具有一定宣教职能的礼制建筑，正是通过太庙与社稷坛这两类最具典型的代表来充分体现出祭祀对象的崇高伟大、祭祀礼仪的神圣肃穆以及敬天法祖的礼制思想。

第五节　城郭有秩

“城郭有秩”指的是宫殿与都城的相对关系。历代都城从布局规划、建筑设计到营建，无不经过漫长、审慎而周密的计划。宫殿作为都城的核心组成，其布局位置除了建筑学上最精心、合理的勾画之外，往往还带有浓厚的政治意义。可以说，宫殿和都城相对关系的变化，实际上除了体现出我国古代建筑学的发展之外，更多的则是体现出历代统治思想的变化。

如本章引言部分所介绍的，西周时期都城的营建有着严格的制度规定，要求方九里、城十二门，城中道路宽九轨，呈九经九纬分布，城中建筑规划要求左祖右社、前朝后市。西周时期实行分封制和宗法制。外行分封内行宗法，两者结合，为西周治国之本。在这一政治体制下，举国上下，上至国君下到黎民，皆有等级、主次、从属，人人各安其分、各行其职，国家才能长治久安。加之西周时期中央政权稳固、王权强大、国力强盛，国都无战乱之虞，使得这一时期都城的规划主要考虑的是通过方正中直、市井井然的布局来体现等级的森严和王室的权威。

到了春秋战国时期，都城营建虽仍然沿袭周制，但因为周王室衰微，诸侯各国之间战乱日益加剧，都城营建之时，防御的功能性需求逐步超过体现等级的政治需求，上升为主导都城布局设计的首要因素。管仲在《管子》中就说："凡立国都，非于大山之下，必于广川之上；高毋近旱，而水用足；下毋近水，而沟防省；因天材，就地利，故城郭不必中规矩，道路不必中准绳。"他强调都城选址首重地势优越，既要便于防御，又要生活便利。都城规划则要因地制宜，不能死板地追求城郭方正规矩、道路横平竖直。

西汉初年，天下久战初定，民生凋敝，百废待兴，而匈奴虎视于北，威胁中原。自高祖白登兵败之后，直到文景，汉王朝皆奉行与民休养、无为而治的黄老之道，对外作战略防御之态。汉长安城选址的"形胜"思想和规划的"法天象地"正是这一时期西汉治国方针和统治理念的表现。《荀子·强国》曰："其固塞险，形埶便，山林川谷美，天材之利多，是形胜也。""形胜"即山川地貌、地形、地势优越，便于进行军事防御。关中沃野千里、物产丰富、交通便利，更兼“被山带河，四塞以为固”“可与守近，利以攻远”的军事地理条件。西汉定都长安，正是取此地之进退攻守自如，以固国本，北拒匈奴。《三辅黄图》曾记载西汉长安城“城南为南斗形，北为北斗形，至今人呼汉京城为斗城是也”，正是“法天象地”的规划设计。道家体系中，北极星又称紫微帝星，为帝王本命星。北斗七星则被认为是其守护星。汉长安城的北墙和南墙呈“北斗”“南斗”之势，既有迎合地势和宫墙的客观原因，更含法天象地以借星宿之力守护帝王的主观意图。这正是黄老道家思想在都城设计中的体现。更以帝宫命名为“长乐宫”“未央宫”，甚至连宫殿瓦当上都书有“长生无极”“长乐未央”等道法思想。城中宫殿集中在中部和南部。除以上两宫，还有桂宫、北宫和明光宫等，数宫并置，与贵族宅第、官署和宗庙等建筑共据全城大部。宫城虽未完全“择中而居”，但因地制宜，又一改战国时期大小城相套的格局，把居民区、工商业区和宫殿区集中在一座城市里，为后世的都城体系所沿用。

及至唐代，儒家思想早已成为华夏主流，也成了唐代君王的治国理念。唐太宗李世民的“水可载舟亦可覆舟”之论，就是深受庄子民本思想的影响。“天人合一”理论在此时已成为儒家思想的精髓。唐长安城的规划就处处体现出“天人合一”。唐长安城【图 2-8】位于龙首川一带，西面“六岗”起伏，三面“八水”环城，城中“五渠”流经，风水得天独厚，为难得的定都宝地。唐长安城城郭方正规矩，每面开三门，宫城居于北部正中，外为皇城，设左祖庙右社稷，与《周礼·考工记》中的布局接近。皇城以外由 11 经 14 纬共 25 条大街，将全城分为沿中轴线朱雀大街左右对称、均匀分布的两市 108 坊，状若棋盘。《周

图 2-8 唐长安城坊市示意图

易》六六之数三十六为太阴，大吉；天九地八为七十二，天地交泰、阴阳合德。唐长安城一百零八坊之数正为两者相加之和，又合道家紫微帝星守卫星群——天罡地煞星宿之数，天人合一的建设思想呼之欲出。这种都城布局暗合天象的设计，象征着皇帝受命于天，国祚天地同寿。唐长安的规划也对其他都城规划产生了重要影响，如日本的平城京、平安京等。

明成祖对北京城的选址与规划，同时兼顾了统治思想、国家战略、风水形胜和政治形势，可谓中国古代都城营建的巅峰之作。大明是中国历史上颇具个性的王朝。对外战争奉行赢了乘胜追击，输了宁死不降，不割地、不赔款。明王朝的这种个性并非因为本朝的天子们都比古往今来历朝历代的皇帝强，而是源于明太祖、成祖两位雄才大略的帝王设置的政治构架，一套能将他们的个性贯穿有明一代的政治设计。北京城的营建，便是这一套政治设计中重要的一环。明太祖朱元璋出身贫寒，从放牛娃一路奋斗到皇帝的位置，成为中国历史上一位纯草根的皇帝。其意志之坚韧、精力之旺盛、责任心之强、权力欲之大，远超历代君王。杀元勋、废丞相、诛贪官、定户籍、置锦衣卫、设九边重镇、两伐北元，将皇帝的权威强化到远超历代的程度。而这一切无不体现着其欲毕子孙功于一世、掌控天下一切的极强权力欲。为确保其费尽心构建的政治体制不为不肖子孙所破坏，同时体现明王朝的正统性，朱元璋还拿出了思想上的法宝：以孝为治国之本，规定子孙不得违背祖训，更不许擅自修改祖制。这一治国理念也体现在营建南京城之时，他刻意复古，严格按照《周礼》记载规划都城布局。但同时也略有创新，他将宫城定在中轴线的南北正中，居于都城正中，正是其“普天之下唯吾独尊”的皇权至上思想之体现。

明成祖朱棣极类其父，在雄才大略方面更是有过之而无不及。靖难成功之后不久，成祖便决定迁都北京。此举一可避开残余于南京的反对力量，巩固皇权；二可方便其对九边军镇百万官兵的控制；三可亲守国门，就近指挥抗击北元；四可借北京位天地形胜之龙脉所在，鼎佑大明万世基业。从此终明一代，天子守国门，君王死社稷。至于这其中有多少是因为北京城的战略位置而迫于无奈，只有太祖、成祖的子孙们自己心里清楚了。

明北京“东临辽碣，西依太行，北连朔漠，背扼军都，南控中原”，为风水学家们公认“山环水抱必有气”之理想都城。它的规划设计以儒家《周易》思想为基础，集礼制、法天象地、天人合一、风水形胜等思想于一体。外城在南为乾，为天，为阳；内城在北，为坤，为地，为阴。城市布局中轴对称、主次分明，暗合阴、阳调和之理。祭祀建筑含天、地、日、月、社稷五坛。天坛在南（上），呈圆形，建于外城之内；地坛在北（下），呈方形，建于内城之外；日坛在东（左），月坛在西（右）均建于内城之外；社稷坛居中，建于内城之中。此为依九宫八卦而设，在都城中占据较显著地位。

明清北京城【图 2-9】建有宫城（紫禁城）、皇城、内城和外城，宫城“择中而居”，其外三重城郭，重重防卫。这一布局既确保宫城的防御固若金汤，又暗合皇帝居于中国、统御四方、天下独尊的皇权至上思想。宫城即紫禁城，也就

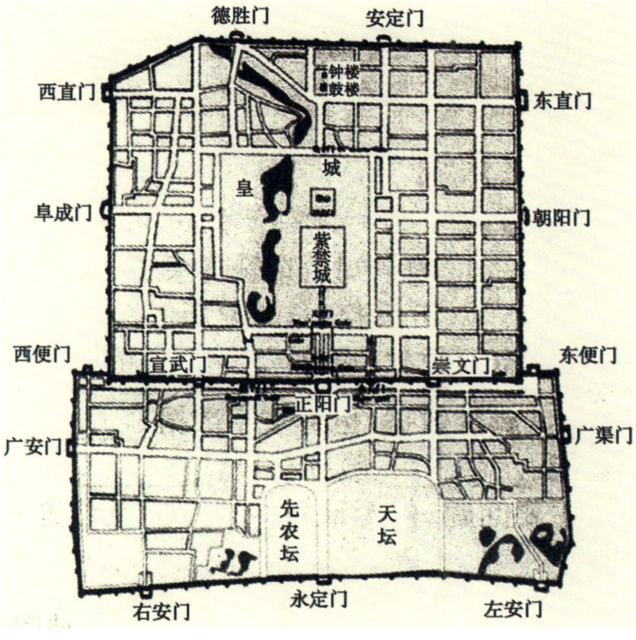

图 2-9 明清北京城示意图

是今天北京明清的故宫，位于内城中部偏南地区，为南北向的长方形。四面环有高 10 米的城墙，城墙南北长 961 米，东西宽 753 米，城外有一条宽 52 米、长 3800 米的护城河环绕，构成完整的防卫系统。宫城设置午门等八门。皇城在宫城之外，周长 9000 米。东部为宫城，西部为西苑，中部为太掖池，包括大明门等六门。内城即在元大都上改建而成，又称“京城”“大城”。周长 22 500 米，包括正阳门等 9 门。明嘉靖三十二年（1553）增筑重城，又称“国城”“外郭”，包京城之南，转抱东西角楼，城墙长 14 000 米，包括永定门等 7 门。据言，今实测内、外城面积合计约 60 平方千米，在中国都城中，是仅次于唐长安城、北魏洛阳城的第三大城。但遗憾的是，北京城的城门大多已被破坏或拆除，如今能见到的古城门已经少之又少。

第三章　高堂广厦

木构架是中国古代建筑独特的风格，也是建筑结构中最重要的特征。“墙倒屋不塌”，精辟地概括出中国建筑框架结构的最重要的特点。一般说来，我国的木构架建筑在立体布局上可明显分为三部分：台基、屋身（柱墙梁架）及屋顶。此外，由这种框架式木结构还形成了过去宫殿、寺庙及其他高等级建筑才有的一种独特构件，即屋檐下密集成串的“斗拱”。

第一节　须弥基座

台基又称基座，系高出地面的建筑物底座，是整座建筑物的基础部分。台基主要用以承托建筑物，并使其防潮、防腐，稳定立柱、避免柱基因为负重不同而出现沉降。台基使得建筑物向高处延伸，又可弥补单体建筑不甚高大雄伟的欠缺。此外，台基也是权力和地位的象征物，具有严格的等级差别。

台基根据外观一般分为两种类型：普通台基和须弥座台基。须弥座因技艺精纯、艺术美感强而为宫殿建筑所常用。须弥座的使用数量越多，等级越高。目前所见台基形式中等级最高的为三层须弥座。

一　须弥基座

须弥座源于佛座，平面通常呈方形，侧面上下凸出，中间凹入，由多层砖石构件叠埋而成。

“须弥”，梵名 Sumeru，又作苏迷卢山、须弥卢山、须弥留山、修迷楼山，意译作妙高山或妙光山等。它本是印度神话中的山名，后来被佛教的宇宙观沿用，称它为世界中心的高山。也有认为这其实是喜马拉雅的古代注音。须弥座最初主要用作佛像或神龛的台基，用以显示佛的崇高伟大，故佛座有称“须弥座”，又名“金刚座”“须弥坛”等。

中国最早的须弥座出现于山西大同市建于北魏孝文帝时期的云冈石窟图，在其多处佛塔的下面都发现了这种形式的基座。这个时期的须弥座造型简单，只有一些简单的纹样装饰，具有明显的佛教艺术特征，常雕刻有佛像造型和佛教故事。从隋唐起，随着当时佛教建筑的发展需要使用渐多，须弥座渐渐演变成宫殿、寺观等尊贵建筑专用的基座。此时的轮廓逐渐复杂，除直线叠涩挑出外，出现壁间用小立柱分隔并内镶壸门的造型，装饰也已日趋复杂华丽，除莲瓣纹仍然十分流行外，花叶纹卷草纹成为最常用的装饰纹样，此外还出现角柱、力神、间柱等装饰。唐代王勃有“俯会众心，竞起须弥之座”之句，可见须弥座在此时已普遍使用。

宋辽金之际，须弥座发展到了鼎盛时期。这一时期的须弥座已十分成熟丰富，形式进一步走向繁缛，并出现程序化的做法，说明须弥座已从神圣尊贵之物发展成为一种较为普遍的建筑基座的装饰形式。宋李诫《营造法式》定下须弥座的做法规范，其中卷十五“须弥座”条说：“垒砌须弥坐之制：共高一十三砖，以二砖并立，以此为率。……”宋式须弥座【图 3-1】分层较多，一般为 9—12 层，由下到上依次为：混肚砖、牙脚砖、罨牙砖、合莲砖、束腰砖、仰莲砖、壶门、柱子砖、罨涩砖、方涩平砖。从整体形态看来，壶门、柱子层最为内凹，后世称之为须弥座的束腰。除方涩平和束腰层外，各层都很薄，且层层叠涩。装饰上有卷草纹，伏、仰莲瓣，束腰上的壶门还另外有主题纹饰，整体造型显得秀挺、精细和洒脱，且主次分明。

从元朝起，须弥座的束腰变矮，壶门、大力神已不常用，莲瓣肥硕，多以花草和几何纹样

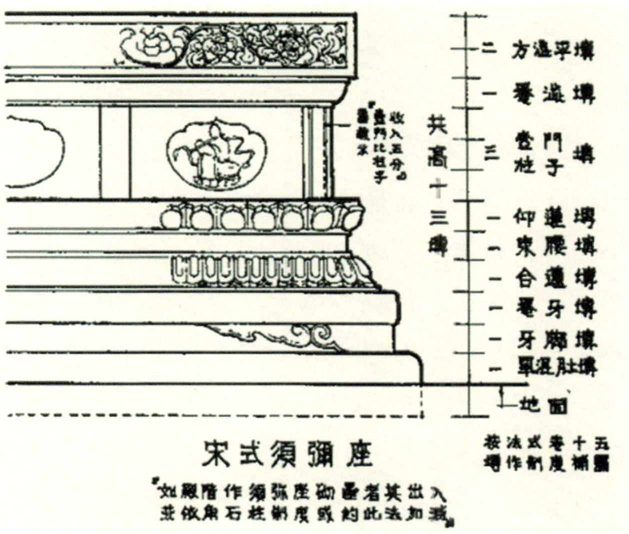

图 3-1 宋式须弥座

做装饰。到了明清时期，须弥座的造型和装饰不再像原来那样饱满丰富，技巧手艺却达到了一定的境界。清式须弥座的制作也有规定，主要集中体现在《清工部工程做法则例》中。典型的清代须弥座有6层，自下而上为圭角、下枋、下枭、束腰、上枭及上枋。基座通体雕饰，圭角剔雕素线卷云；上、下枋一般会用卷草纹装饰；上、下枭则用莲瓣装饰；束腰凿玛瑙柱子、椀花结带；整体造型显得敦实、粗壮和庄重。总体说来，须弥座在清代得到进一步规范，不仅是为建筑所用，也是月台、祭台、日晷以及动物雕塑等基座普遍采用的形式。

用须弥山做佛像和佛塔的底座能充分显示佛的神圣与伟岸，弘扬佛的伟大功德，并由此能激起民众对佛教的信仰和崇拜之情。须弥座虽是外来，但在宫殿等建筑上将之置于如此重要的地位并广泛运用实为中华之创举。中国古代的帝王为了巩固政治地位及以皇权至上的礼法观念，突出皇权的威严，证明君权受命于天而让民众敬畏和崇拜，就借用了须弥座的形式和寓意，并对其形制纹饰进行了创新与衍生。使用须弥座作为皇家建筑的基座可以给皇宫营造一种宏大雄伟和至高无上的氛围。我们现今能看到故宫三大殿的台基即为三层汉白玉石雕须弥基座【图3-2】，中心高8米多，也称为“三台”，是台基中的最高

图 3-2 故宫汉白玉石雕须弥基座及螭首

体制，只为皇家主体建筑所使用。从远处望去，三大殿宛如天上宫阙，被白云一般的三台高高托起，庄严而又飘逸。设想一下，假如没有这么宏伟的三台，我们再观赏三大殿时，其风采将会逊色许多。因此，须弥座在宫殿建筑中的运用使它成了皇家贵族权力和地位的象征，也使得须弥座的内涵得到了完美的展现，是中国传统建筑形式中的一种特有的符号。

二　石雕勾阑

大型建筑物因为基座很高，为了安全起见，需要在四周设置栏杆。栏杆，古称阑干，原是纵横之义，纵木为“阑”，横木为“干”，由字义可推测最初的栏杆建筑用料应该是全木结构。栏杆又称勾阑、钩阑、钩栏等，宋画中所见木质镶铜的应是此种，后代还有以石仿木结构的。

栏杆在使用中起分隔、导向的作用，在建筑

艺术上也很具装饰意义。周代礼器座上有类似栏杆的构件；汉代明器中的栏杆已富有变化性，有横木、直木、套环、鸟兽形等多种图案；六朝云冈石窟中部第五窟中，门上高处即绘有曲尺纹栏杆；宋《营造法式》的石作制度中有造钩阑之制；元明清的木栏杆比较纤细，而石栏杆逐渐脱离木制栏杆的形制，趋向厚重。

宫殿建筑使用的须弥基座一般都较高，因而需要配套使用石栏杆。它的做法是先在台基的阶石上置地栿，再在上面放望柱、栏板和抱鼓石。望柱也称栏杆柱，是栏板和栏板之间的短柱，分柱身和柱头两部分。柱身的截面，宋代多为八角形，清代多为四方形。柱身各面常有海棠花或龙纹装饰；柱头的装饰常见有龙纹、凤纹、云纹、狮子、莲花、葫芦等。栏板是起围护作用的构件，是一种板状护栏设施，封闭又连续。最多见的是仿木栏板，保存着栏板本所原有的部分，包括寻杖、云栱、瘿项（清代称荷叶净瓶）、盆唇、蜀柱、华板、束腰等。故宫主要建筑的栏杆多用龙凤浮雕，次要建筑采用石榴、火焰、方形蕉叶、如意、梅兰竹菊等题材，雕琢奢靡，雍容华贵。钦安殿须弥座上的栏杆，栏板上中心部分雕着两条行龙，一前一后相追逐，生动活泼，四周用卷草和龙纹装饰。而宫中的园林亭榭往往多用植物纹样，如碧螺亭使用的是石雕梅。在清东陵慈禧太后定东陵的栏杆上，我们能看到龙追凤画面的石雕栏板，这正反映出当时太后权势凌驾于皇帝之上的特殊历史。在慈禧陵前的丹陛石上还雕刻有“凤压龙”的主题图案，也是同样的蕴意。抱鼓石，因有一个犹如抱鼓的形态承托于石座之上而得名，其作用是顶住栏杆，保持其持久稳定，同时美化栏杆尽端造型。抱鼓石可分为“螺蚌”和“如意”两种形态，还常用于宅门入口，起稳固门柱的作用，同时也是中国宅门“非富即贵”的门第符号，是最能标志屋主等级差别和身份地位的装饰艺术小品。

在栏杆和须弥座之间，往往会在望柱下伸出一个石雕兽头，并和基座的上枋垂直相交，我们一般称之为“螭首”。螭是一种无角之龙，它常常瞪着双眼，鼻梁上卷，嘴巴张开，内有小孔直通台基表面，用于排水。在太和殿须弥基座的栏杆下即安有这种石雕龙头，共1142只，每逢暴雨，便可呈现“大雨如练，小雨如注，千龙吐水”的奇观。

三　御路踏跺

为便于从地面登上高高的台基，就需要设置台阶，亦称踏跺。从外观看，主要分为垂带踏跺和如意踏跺两种形式。它们都是用条石砌筑的，区别主要在于有无两边的垂带石。如意踏跺因为不做垂带，条石沿左、中、右三个方向布置，故人可沿三个方向上下。

宫殿建筑多采用的是垂带踏跺，如意踏跺多用在园林之中。为了展现建筑的宏伟，垂带踏跺往往不单个使用，而是成组设置。一般先在正面轴线上的明间（建筑最中央的一间）布置垂带踏跺，并要求垂带石中线与明间檐柱中线重合，这又可称为正阶踏跺；还会在其两旁对称增设偶数的垂带踏跺，这又可称为垂手踏跺；建筑的反面同样如此。假如在建筑侧面再对称增设一对踏跺，则可称为抄手踏跺。总之，个数越多，种类越丰富，则等级越高。明清宫殿主殿和主殿门中间的踏跺因是皇帝专用的御路，故正阶踏跺多做成中央斜置一条长度和垂带石相同的御路石。御路实际不能行走，由太监抬辇舆走在两侧踏跺上，把坐在辇舆中的皇帝从御路石上空抬过去。因此，又多将御路雕刻成祥云腾龙图案，以表示皇帝为真命天子之意，由此又称龙凤石、丹陛石、云龙石等。故宫三大殿的三台须弥座中有三层石雕“御路”【图 3-3】，特别是保和殿后阶陛中间设置的那块，是规模最大的丹陛石。

古代，能在御路上行走的人，只有皇帝。但也有例外，比如太上皇，作为皇帝的父亲，他出宫时可以乘车舆行走御路。再就是皇后，在皇帝“大婚”当日，她可以由皇宫正门乘凤辇进入皇宫。明清时皇后的凤辇可行到坤宁宫；而其他嫔妃，只能由皇城后门进入。还有金科三甲。明清

图 3-3 保和殿云龙石雕御路

时期，皇帝在保和殿举行殿试时，当场确定的金科三甲（状元、榜眼、探花）可以自保和殿沿御路出皇宫，然后骑马在京城夸耀皇家恩德，这其实是为了彰显皇帝对人才的重视。当然，到了现代，我们只要去参观故宫，便能轻松地感受这千古之殊遇了。

我们在看历史电视剧或电影时，只要剧中有皇帝出现，就会听到群臣们左一个“陛下”右一个“陛下”地称呼皇帝。为什么称皇帝为“陛下”呢？这就与我们宫殿建筑的踏跺有关了。“陛下”的“陛”，是指帝王宫殿的台阶。《说文解字》记载：“陛，升高阶也。从阜，坒声。”“陛”的本义是台阶，特指皇宫的台阶，即宫殿的踏跺。而“陛下”是臣子对帝王的尊称。但既然是尊称，一般都是以“上”为尊的，那怎么又称“皇上”为“陛下”呢？东汉大文学家蔡邕曾经解释说，皇帝派他的近臣拿着兵器站在宫殿的踏跺下，以防不测。所以，陛的下面是皇帝的近臣。蔡邕进一步解释说："谓之陛下者，群臣与天子言，不敢指斥天子，故呼在陛下者而告之，因卑达尊之意也。"皇帝至高无上，臣子不敢直接同他交谈，只好让皇帝的近臣代为转告，所以一声"陛下"叫的不是皇上，而是叫站在陛下的人，请他转告皇上。不过臣子也不是绝对不能直接与皇上说话，但是礼节不能省略，所以，与皇上说话前叫一声"陛下"，就是表示自己的恭敬之意。诸如此类，"殿下""阁下"这些尊称的意思其实都一样，表示自己不敢和对方直接说话，要请人代为转达，以此表示对对方的尊敬。

第二节　巨木广梁

屋身部分包括柱墙与梁架。我国木构架主要由柱、梁、枋、檩等各类构件组成，一般在柱间上部用梁枋和短柱重叠装成，用以支撑屋面檩条，构成木结构建筑中的主体承重骨架，这在《营造法式》中称为“大木作”。这有点像搭积木，立柱四根，上架梁枋（横木为枋，纵木为梁），是为一间。梁可数层相叠，并逐层缩短、逐级增高，称为“举折”，左右两端承托圆木檩条，直到顶端脊檩。建筑物的承重主要是靠立柱和梁枋，而不是借助高墙厚壁。墙壁主要用于隔断，而非负重，故可以任意设置其材质、尺寸及形式。这便是中国古代木构架的神奇之处，其原理或可言类似于现代的钢筋混凝土的框架结构。

一　柱与柱础

柱俗称柱子，是直接竖立于基础之上，用来

支撑梁架、承受建筑物上部重力的垂直立木。柱框部分要支撑沉重的屋顶，屋顶的重力通过竖立的柱子传送到平稳的台基上，这就是所谓的“立木顶千金”。立柱通常用松木或楠木制成圆柱形的木头，保持了木材圆形断面和力学上的功能形状。除了圆柱外，也有使用方柱、八角柱、梅花柱、雕龙柱等。南北朝时期产生了梭柱的形式，即柱身逐渐往上收小，而柱头则为覆盆形，以便承力，五代以后主要在南方应用。宁波保国寺是我国江南保存最完好的北宋木结构建筑，其大雄宝殿的柱子有着别具匠心的设计，外观呈瓜棱状，柱心四根小柱拼合，外面再包镶四瓣木条，既节约木材，又不影响牢固，而且外形美观。明清以圆柱为定制，八角、瓜棱之类基本不见。

柱子以其在建筑中所处的位置不同有不同的名称。宫殿建筑因体量巨大，涉及的柱子种类丰富，包括檐柱、金柱、中柱、山柱、角柱、擎檐柱等。建筑外围的柱子称为檐柱，主要承载屋檐部分的重量。位于檐柱以内的柱子称为金柱，承载檐头以上屋面的重量。重檐建筑还有重檐金柱，即金柱上端继续往上延伸达到上层檐，并承载上层檐重量的金柱。位于建筑物纵中线上的柱子称为中柱。中柱直接支顶脊檩，将梁架分为前后两段。位于建筑物两座山墙之中的中柱称为山柱。在建筑物转角部位，承载来自不同角度梁枋等大木构件的柱子称为角柱。单纯用于支撑屋面出檐的柱子称为擎檐柱，多见重檐建筑物，用来支撑较长的屋檐及角梁翼角等。

太和殿内共有直径达 1 米的巨柱 72 根，其中有 66 根是大红漆柱，而宝座两旁的 6 根，为沥粉贴金的蟠龙金柱。金柱上的龙头朝向中间，一起围绕宝座，正如《易经》乾卦所言“时承六龙以御天”。它与宝座上方的蟠龙藻井交相辉映，共同烘托出帝王的无上尊严。天坛祈年殿由 28 根朱红色底漆的金丝楠木大柱支撑，柱子呈环状排列。最内圈 4 根俗称“龙井柱”【图 3–4】，高 19.2 米，直径 1.2 米，其上沥粉贴金，支撑上层屋檐，中间设置龙凤藻井；中间 12 根金柱比龙井柱略细，支撑第二层屋檐；外围 12 根檐柱支撑第三层屋檐。据言，4 根“龙井柱”象征着一

图 3–4 祈年殿“龙井柱”

年的春夏秋冬四季；中层12根象征一年的十二个月；外层12根象征一天的十二个时辰；而中外两层柱子共24根，又象征二十四节气。

还有一类体形短矮的柱子，下端不落地而是落于梁架上或悬空，称为童柱，又称瓜柱。有一种做法是在伸出的梁枋之间加一段瓜柱，瓜柱下端制作成垂花柱头，这种柱又称垂花柱【图3-5】。柱头上雕刻、装饰的图案千姿百态，有花鸟纹饰，宫灯形、花兰形，还有莲花座等图案，清代常采用人物、仙道图案雕刻。在四合院中，使用垂花柱作为院落的门十分常见，故也称为垂花门，作为内、外宅的分界门，也就是我们俗话中“大门不出，二门不迈”中的“二门”。垂花门因装饰性极强，还常用于宫殿建筑中正殿与厢房的隔断门，比如在养心殿和乾清宫的正殿两旁都能看到木雕精美的龙纹垂花门。

为了平整和牢固柱子的底角，匀载传递柱子荷重，同时防止木柱被潮湿的地面腐蚀和被外力碰磕损破柱脚，通常在柱脚下垫上一块石头，即柱础。宫殿建筑的柱础主要是石质，故又称础石，南方习惯称磉石。柱础原是深埋地下或夯土台基内，随着构架结构体系的日趋成熟，柱脚和柱础逐渐上移。《淮南子·说林训》中“山云蒸，柱础润”一语说明汉代的柱础已于地面可见。因此，柱础露明部分形式的美化，逐渐被人们所注

图 3-5 乾清宫垂花柱

意。一般来说，汉代至南北朝时出现了制作规整的覆盆式柱础，因佛教传入覆莲成为最流行的式样，还有须弥座柱础。唐代仍然喜欢在柱础上雕饰莲瓣，宋、辽、金、元则除莲瓣，还有各式花纹。明清柱础趋于格式化，图案崇尚俭朴。特别是清代官式建筑流行鼓镜做法，也就是整体打磨如镜面般光洁且不加雕饰，故又作“古镜”。

前面说到“间”为四柱围成的空间，它是中国古代建筑的基本单元。建筑的正面间数称“开间”，或称“面阔”；建筑的纵深间数称“进深”。面阔和进深可以用来反映建筑物体量的大小。以间组屋，以屋组院，以院组群，是中国古代建筑的主要布局模式。古人以奇数为吉祥数，因而间数多为单数。正中称为明间（宋称当心间），两侧为次间，尽头为稍间或尽间。开间越多，表明建筑的等级越高。《周易》里帝王之位被设为九五之位，代表着“九五之尊”，是皇权的象征。因此，宫室面阔九间，进深五间，是传统建筑中等级最高的建制。但是，如今的北京故宫太和殿开间为十一间。

二　梁枋构件

在柱头上沿着房屋的进深方向也就是纵向所架的木构件，称为梁，断面多成矩形，常用松木、榆木或杉木制成，宋代称为栿。梁是中国传统木结构建筑中骨架的主件之一，它在同一立面上要叠架多层，上层短于下层，中间用瓜柱支撑，逐层而上形成一排横向梁架，多排梁架构成建筑的承重骨架。因此，它承担了上架构件及屋面的全部重量，是木构件中最主要、最关键的部分。

梁类构件按位置不同有不同名称。构架最上层的梁长度为两步架，上承三根檩，称三架梁（宋称平梁）；往下一层长度为四步架，上承五根檩，称五架梁(宋称四椽栿);往下一层长度为六步架，上承七根檩，称七架梁(宋称六椽栿)。现今最大规模梁架是太和殿,所见最长的主梁为七架梁。在宫殿这类带斗拱廊庑建筑的檐、金柱之间，承接檐(廊)步屋顶上檩木所传荷重的横梁称为桃尖梁或挑尖梁(宋称抱头梁)。如果其上有多根檩木,将廊步分成多步的,又分别称为单步梁(宋称札牵)、双步梁(宋称乳栿)、三步梁等。在庑殿顶和歇山顶转角处 45° 线上还会用到角梁(宋称阳马)。唐宋时，有天花的建筑中梁架分为两部分，一部分在天花之上，因为下面看不见而不需要做精细加工，称为草栿；一部分在天花之下露明，需要做精细加工，称为明栿。明栿多用断面狭长的木料,做成“新月”形式,其梁肩呈弧形，梁底略上凹，被称为“月梁”。整条梁轻盈美观，极富装饰情趣。在明清时期，一些地位明显的月梁，还被施以繁复的雕饰，更显得秀美奇巧。

枋是辅助稳定柱、梁的构件，一般断面呈矩形，较梁要薄。枋的种类也不少，大式建筑的檐柱柱头间的横向联系构件称为额枋。宫殿建筑一般置双层额枋，与柱头相平面积大的称为大额枋，下面面积小的称为小额枋，中间以由额垫板相隔。处于正背位置的枋子称脊枋，额枋和脊枋之间的称为金枋。金枋和脊枋的两端或交于金柱和瓜柱上，或交于梁架的侧面。在桃尖梁下，联系檐柱和金柱的枋子称为穿插枋。此外，为进一步稳固梁，增强承重梁架【图 3-6】的抗弯能力，大型宫殿建筑还会用到随梁枋，即在最长的一根梁下加的枋木，并加强联络。

为了构成有坡度的屋顶，梁枋往往层层叠加。在两层梁枋之间还会用到一些垫托构件，比如柁墩，它是用在上下两层梁枋之间的一块矩形木块，能将上一层梁枋的重量传递到下层。一般的柁墩高小于本身之长宽，如果大于则这种构件变成直立的短柱，即称为瓜柱。为了使得瓜柱稳定，还在两旁各加一扶持木，称为角背。在房屋外檐柱和梁枋相交接处的构件称为雀替，它自柱内伸出，承托梁枋梁头，可以缩短梁枋的净跨距离，减小梁额与柱相接处的剪力，防阻柱梁构件间垂直角度的倾斜变形。雀替在早期建筑上是一条替木（宋时称为绰幕枋），扁而长，跨在柱头

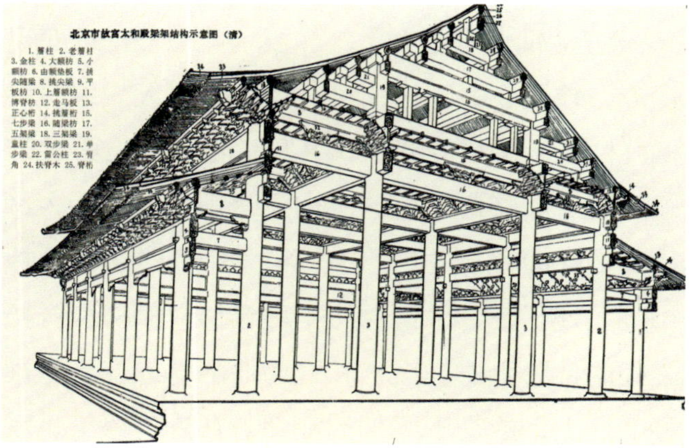

图 3-6 太和殿梁架结构示意图

的开槽内，从两头承托左右梁枋，长度大约占据梁枋跨度的三分之一。到明清时期才变成左右各一块替木用榫头与柱头相连接，长度只占梁枋跨度四分之一。在房屋檐廊和室内梁枋与柱子的交接处，有时也用雀替，若梁枋的高度错落，那么所用的构件往往形式会与雀替有所差别，这种构件称为梁托，用以承托梁枋。

三　桁檩椽木

“桁”“檩”名称不同，功能一样，宋式称槫。宫殿这类带斗拱的大式建筑中，檩称为“桁”。桁檩是直接承受屋面载荷的构建，并将载荷传到到梁和柱上。桁檩一般沿房屋开间方向搭在左右梁头上，多为圆形截面。位于最上层屋顶前后两坡相交正脊处的檩称为脊桁，位于最下檐柱上的檩称为檐桁，脊桁和檐桁之间的为金桁，根据上下位置分称为上、中、下金桁。檩木与其下的枋木之间，一般安装一道垫板，这种檩、垫板、枋三件叠在一起的做法称为“一檩三件”。宋式建筑脊槫之下的支撑构件，除瓜柱之外，往往并用人字形的“叉手”，之下每层梁架间分别设置两条对称的“托脚”，平梁之下还设有“驼峰”。这些构件到了明清时期统一为柁墩或瓜柱所代替。因此，一檩三件以及梁架间统一用瓜柱的做法在清代官式建筑中是为定式。

檩木之上还搭建有一系列的屋面木构件，包

括椽、望板等。椽是檩条之上密集排钉与檩条呈垂直正交的细木，宫殿建筑多为圆椽。为达到飞檐起翘的效果，在檐椽的前端还会向外挑出一段檐头略翘起的飞檐，称为飞椽或飞檐椽（宋称飞子），是较短的椽木，断面方形，后尾楔形，附贴在圆椽前端。它的使用既增加了建筑物出檐的深度及屋顶雨水排泄的距离，又有利于更好地保护柱墙、台基。檐椽和飞椽上都有横木联系称为连檐。在椽子上面满铺钉厚度一寸左右的木板叫望板。望板之上要抹施一层掺以草、泥、麻、灰的混合物，作为屋顶瓦面下的垫层，叫作苫背，其上再铺瓦。由于瓦的面积较小，因此椽木多呈密集型排列。

宫殿建筑体量巨大，要构成一座建筑物的完整骨架，首先就将它们准确无误地制作出来。因构件之间不用金属钉子,全部都是做成榫卯结构,再进行拼装组合，可谓庞大而精密的营建工程。它还耗费大量种类不同的木材。以武英殿为例，故宫至少使用了 15 个种或属的木材，包括落叶松、冷杉、云杉、软木松、硬木松、柏木、杉木、圆柏、金钱松等 9 种针叶材，以及桢楠、紫椴、润楠、喃喃果、印茄、大果木姜等 6 种阔叶材。据现在的专家研究，故宫建设的备料过程用时近十年，所需木材经年累月源源不断地通过运河输送到北京，因此，又有“漂来的紫禁城”之说。

第三节　斗拱玲珑

大型木构架建筑的屋顶与屋身之间，往往布置一圈层层叠木挑出结构的斗拱，作为梁檩与柱头之间的过渡构件。斗拱是我国古代建筑所特有的构件，在历史上影响深远，曾传至日本、朝鲜、越南及东南亚国家。

斗拱在中国木构架建筑中占据非常重要的地位，它的功能与作用主要有：①出挑承檐。它向外出挑，可把最外层的桁檩挑出一定距离，使建筑物出檐更加深远，造型更加优美、壮观。斗拱越大，层数越多，挑出的距离就越大，出檐就越深远。②传递荷载。它位于柱与梁之间，由屋面和上层构架传下来的荷载，可以通过斗拱传给立柱，再由立柱传到基础，因此，它起着承上启下、传递荷载的作用。③减少跨度。斗拱用于室内向两端挑出，可以缩短梁枋的跨度，减少弯矩。

④分力减震。榫卯结合是抗震的关键。这种结构和现代梁柱框架结构极为类似。由于构架的节点不是刚接，就像富有弹性的弹簧层，保证了建筑物的刚度协调。当地震来临时，斗拱把屋檐重量均匀地托住，起到了平衡稳定作用，因此对于增强建筑的抗震性能十分有利。⑤造型多样，构造精巧，装饰美观，是很好的装饰性构件。特别到了明清时期，斗拱逐渐减弱了结构上的功能，增强了装饰性,有些斗拱甚至成了纯粹的装饰构件。此外，斗拱还是等级制度的主要标志之一，建筑物使用斗拱与否和施用斗拱的制式如何直接反映其等级。斗拱的大小与出挑的层数有关，层数越多，等级越高。因此，宫殿建筑必然使用斗拱，而且是最高等级的斗拱，以示皇权的至高无上以及皇家的庄严尊贵。

斗拱一般置于柱头和额枋、屋面之间。基本构件为斗、拱、昂，方形木块叫斗，弓形短木叫拱，斜置长木叫昂，层层相叠。斗上搭嵌一层两道纵横相交的拱，拱上再装置斗，其上再搭嵌一层栱，再置上斗，再搭拱……这样层层搭嵌挑出，就组成了一组斗拱。斗拱种类繁多，根据使用位置不同有不同的名称；组合复杂，不同名称的斗拱有不同的组合类型。按斗拱在建筑物中的位置，主要可以分为两类，外檐斗拱和内檐斗拱。

斗拱在我国历代建筑中的发展演变非常显

著，可以作为鉴别建筑年代的一个主要依据。这一点最早由建筑大师梁思成先生发现并提出。早期的斗拱主要作为结构构件，体积宏大，近乎柱高的一半，充分显示出在结构上的重要性和气派。唐、宋时期的斗拱还保持这个特点，但到明、清时期，它的结构功能逐渐减弱，外观也日趋纤巧，本来的杠杆组织最后演变为檐下的雕刻。

一　魏晋之前

最早在西周时期，著名的青铜器令簋上已有栌斗的形象：簋下为四短方柱足，柱上置栌斗，斗口内施横枋，枋上置散斗一起承载上部簋座。比较正式的斗拱形式应该在春秋晚期已出现。《论语·公冶长》有“山节藻棁”一语，这里的“山节”指的就是山形斗拱，“棁”是梁上的短柱。到战国时期，一些铜器和漆器上已能看见柱上栌斗和曲栱的形象。中山国墓出土龙凤座的铜方案上，四角下有一斗二升的斗栱组合和45° 斜置拱的形象。河北平山县中山国灵寿故城遗址内还出土有平盘式的陶质栌斗。《说文解字》中“舍”的小篆做“舍”，应该是这一时期房屋建筑下大量存在檐下曲栱及斜栱的形象反映。汉代出土的石阙、明器、画像石和画像砖上有大量斗拱的形象。从汉高颐阙【图 3–7】和四川牧马山、山东高唐出土的汉明器陶楼上可以看出，柱顶有斗拱承托檩、梁或楼层地面枋，挑梁外端的斗拱承托檐檩，

图 3-7 汉高颐阙

各个斗拱间互不相连。汉代以后开始在柱间用人字拱的斗拱，即在额枋上立一个叉手，上置一斗，承托檐檩。南北朝时期斗拱的形象主要见于北朝石窟的窟檐及塔柱等雕刻中。柱头斗拱多为一斗三升，广泛使用人字栱及蜀柱直斗造作为补间，已经出现了出跳的华栱。初唐时期，从西安慈恩寺塔门楣石刻《说法图》上还可看到佛殿柱间仍用人字拱。

二　隋唐宋元

隋唐时期斗拱的主要特点在于柱头斗拱所承托的梁多插入斗拱中，使斗拱和梁架拉结在一起，顺屋身左右横出的拱也和井干状的柱头枋交搭在一起。建筑的一圈柱头枋和同它成直角的正、侧两面的梁交织成一个分为若干井字格的水平框架，现在称为"铺作层"，斗拱成为各交叉处的加强节点，是水平框架不可分割的一部分。现存唐代五台山佛光寺大殿的斗拱【图 3–8】，就是这种做法的典型实例。佛光寺东大殿建于唐宣宗大中十一年（857），是一座面阔 7 间、进深 4 间、单檐庑殿顶的大殿，宽 34 米，深 17.66 米。它属于木构架中的殿堂型构架，由柱网、铺作层、屋架三层上下叠架而成。用梁思成先生的话说，此殿"斗拱雄大，出檐深远"，是典型的唐代建筑。

图 3–8 佛光寺东大殿斗拱

经测量，斗拱断面尺寸为 2.1 米 ×3 米，是晚清斗拱断面的 10 倍；殿檐探出达 3.96 米，这在宋以后的木结构建筑中也是找不到的。

宋《营造法式》中所载各种殿堂构架的斗拱种类丰富，形制复杂。宋代称斗拱为铺作，指斗拱层层铺叠而成的构造。根据所在位置不同，外檐斗拱可分为柱头、补间和转角铺作，其数量单位为朵。斗拱大部分向外挑出，称为出挑或出跳。铺作数等于跳数加常数三，一般为四—八铺作，即出一跳四铺作，出两跳五铺作，以此类推。常数三指的是不出挑的最下端的栌斗、最上端的耍头和衬方头，因为这三种构件是一朵斗拱中必不可少的，不论出几跳，三者都各是一件，各构成一层。宋式斗拱的称名形式为：几杪几昂几铺作。如单杪双昂六铺作，双杪三昂八铺作等。其实，斗和栱还因位置不同可进一步细分，如栌斗、散斗、交互斗、华栱、泥道栱、令栱等，虽纷纭复杂，却又趣味百生。

三　明清时期

自明代开始，柱头间使用大、小额枋和随梁枋，斗拱的尺度不断缩小，间距加密。清式建筑的梁不再像宋式那样穿插在斗拱中，而是压在斗拱最上一跳之上，直接承挑檐桁。因此，斗拱发展到明清以后便不再起维持构架整体性和增加出檐的作用。它的用料和尺度比宋式大为缩小。

尽管斗拱不再起到主要的结构作用，但装饰性作用又进一步增强了，因此，式样仍然是千差万别。

明清建筑上的斗拱种类繁多，构造复杂，名称也不同于唐宋。清代称之为“斗科”，根据具体位置不同，外檐斗拱分柱头科、平身科和角科；内檐斗拱可细分为品字科、隔架科等。数量单位为“攒”，出跳称为出踩，每一种斗拱按照建筑等级规模的不同，构造形式从三踩、五踩，直至十一踩不等，踩数越高，一攒斗栱就越高大。清代斗拱的称名形式为：几翘几昂几踩。如单翘单昂五踩、重翘重昂九踩等。斗和栱还可细分，斗分别有坐斗、十八斗等，拱分别有瓜拱、万拱、厢拱等，这些不同的单件组合，就像有榫卯关系的积木，而每一块“积木”都与斗栱的基本尺度单位“斗口”有着一定的比例关系，斗口的数值是由建筑等级决定的，等级的不同，直接导致“积木”搭建出来的斗拱大小的不同。所以，即使都是三踩斗拱，斗拱也不一定是同一尺寸，这些差别直接影响到建筑的规模。清代木作中专门有“斗拱作”，清《工程做法则例》用十三卷的篇幅列出各种斗拱的尺寸、构造、做法、用功和用料，共罗列出 30 多种不同形式的斗拱，这比实例所见更为丰富。

宫殿建筑中常见的有鎏金斗拱、品字斗拱、如意斗拱【图 3-9】等。鎏金斗拱是清代制法最

图 3-9 太和殿金斗拱

为复杂，也是最高级的一种。它继承了宋式铺作下昂挑斡的遗制。明清建筑中，普通的斗拱都是采用假昂的形式，昂成为平置的出跳部件，外端保持昂嘴形式，但基本不再负载。但鎏金斗拱形制特殊，外拽部分与一般斗拱无异，但里拽部分的昂、耍头等不是水平叠起，而是顺着举架的角度斜上延伸，有的甚至延伸至下金桁位置，看似从下金桁鎏到了檐部，由此称为鎏金斗拱。故宫太和殿、奉先殿前殿、午门、神武门、东华门、西华门城楼等最高级的重檐庑殿顶建筑，以及钟粹宫、太极殿、文华门、武英门等单檐歇山顶建筑都用到了鎏金斗拱的做法。品字斗拱多用于殿堂内檐梁枋和牌楼上，里外拽出跳皆用翘不用昂，完全对称，侧边看形如品字倒置，由此得名。如意斗拱是极富装饰趣味的斗拱形式，主要用于藻井和牌楼上，每攒斗拱除了纵横四向各出翘栱之外，还在 45° 方向挑出斜拱，多攒斗拱的斜拱互相勾连成复杂的网络形状，可谓将斜栱运用发展到了极致。

清代建筑，尤其是佛寺建筑中，常见有在上下两层长度相等平行的构件之间，如内檐承重梁架及其辅助构件随梁枋间，用荷叶墩、斗拱和雀替组合成一种联络或垫托的部件，称为隔架科。隔架科以荷叶墩、斗拱和雀替合成的造型居多，但也不限于此。如曲阜孔庙金丝堂，隔架有用仰、覆荷叶，中间加以连珠的造型；北京阐福寺有荷叶、雀替，中间加回纹垫隔的形式；易县崇陵则是两梁间用短柱，柱上用雀替，下用形制相同的角背，中间用斗拱组合，形制极为奇特。

可以说，斗拱的演变史就是中国古建筑的发展史。玲珑多样的斗拱构成了壮观的中国建筑文化。

第四节　飞檐反宇

屋顶是中国古代建筑极富变化、极具艺术表现力的部分。《诗经・斯干》中“如跂斯翼，如矢斯棘，如鸟斯革，如翚斯飞”即是对中国古代建筑外形的生动描述。飞檐反宇的外形最初主要是功能的需求。《考工记》记有“上欲尊而宇欲卑，上尊而宇卑，则吐水疾而溜远”，可见，使屋顶排水流速快而远，是屋顶形成圜和曲线的主要原因之一，如翼轻展的曲线美也随之形成。屋檐的出挑还使屋顶具有纳光与遮阳的功能。宫殿建筑的屋顶种类丰富，变化多样，无论是从建筑的功能要求、建筑轮廓还是造型艺术上，都体现出丰富而又有秩序的美感。

一　屋顶式样

屋顶的式样，大约可分为七种：庑殿、歇山、悬山、硬山、卷棚、攒尖、盝顶。庑殿顶是最高级的形制，常用于宫殿、坛庙等皇家建筑。庑殿顶屋面有四大斜坡，前后坡屋面相交形成一条正脊，两山屋面与前后屋面相交形成四条斜脊，屋面稍有弧度，又称四阿殿、五脊殿。歇山顶等级仅次于庑殿顶，因外观上看像悬山顶歇栖在庑殿顶上而得名。它是在庑殿顶的两端加上两山，共四面斜坡，左右坡面各有一个垂直的三角形山墙面，共交出九个脊，故又称九脊殿。悬山顶的屋面仅有前后两坡，而且两山屋面悬于山墙或山面屋架之外，共五脊，也称挑山顶。它的特点是屋檐一直延伸至山墙之外，用来保护山墙。山墙的山尖部分有时还随着各层排山梁柱砌成阶梯形，称为“五花山墙”，多用于民居建筑中。硬山顶的屋面也是前后两坡，左右两侧山墙与屋面相交，并且檩木梁架全部封砌在山墙内，而不悬出山墙。卷棚顶的特点在于无正脊而用筒板瓦形成卷弧的顶部。攒尖顶的屋面在顶部交汇成一点，形成尖顶，有圆形，亦有四角、六角、八角等形式。盝顶顶部有四个正脊围合成为平顶，下接庑殿顶。

屋顶多与屋檐相配合，共同反映建筑的等级水平。屋檐以重数越多级别越高。根据檐数可分为单檐、双重檐、三重檐等。重檐可增加建筑物的立面形态美感，又可减小高大建筑檐面排水对基座的冲击力，故多为宫殿的主要建筑所使用。三重檐又称“重檐三滴水”，多为楼阁建筑所使用。屋顶与屋檐结合后可形成重檐庑殿顶、重檐歇山顶、单檐庑殿顶、单檐歇山顶的等级排序。一般说来宫殿建筑中，庑殿、歇山、攒尖三式多用于主殿等重要建筑物，悬山、硬山、卷棚多用于次要建筑物，如配房等处。以故宫为例，主殿多以庑殿顶、歇山顶、攒尖顶为主，其中以太和殿、乾清宫、坤宁宫、皇极殿、午门、太庙大戟门等为重檐庑殿顶，等级最高。歇山顶略低于庑殿顶，在紫禁城建筑中使用最多，如保和殿为重檐歇山顶，乾清门、承乾宫、文华殿、武英殿等均为单檐歇山顶。中和殿、交泰殿为单檐四角攒尖顶，并冠以宝顶。也有圆形屋顶无脊，只筒瓦向上渐小于聚宝顶下，如天坛攒尖顶的祈年殿。攒尖顶使用最为丰富的是宫廷的园林建筑，各类不同形式的亭台楼阁多使用这种形式。盝顶多用于井亭建筑，此外，明代故宫的钦安殿、清代瀛台的翔鸾阁也有使用这种屋顶。

紫禁城的角楼【图 3-10】是屋顶造型中最奇特多姿的，是由多个歇山式组成的复合式屋顶，有九梁十八柱七十二条脊。它为重檐三层：上层为纵横相交四面显山的歇山顶，正脊交叉处置铜鎏金宝顶；中层为四面各加一歇山式抱厦，四角各出一条垂脊，多角搭接相互勾连；下层为四面采用半坡腰檐，四角出垂脊，并用围脊连贯。整个屋顶檐角秀丽灵动，造型玲珑别致，实在令人

图 3-10 故宫角楼屋顶

惊奇、赞叹与敬仰，可谓紫禁城的标志。

二　琉璃瓦件

流光溢彩的琉璃瓦是中国宫殿建筑青睐的构件，通常施以金黄、翠绿、碧蓝等彩色铅釉。因材料坚固、色彩鲜艳、釉色光润，一直是建筑陶瓷材料中的佼佼者。我国早在南北朝时期就在建筑上使用琉璃瓦件作为装饰物，因材料贵重仅饰于局部；宋元开始皇宫建筑大规模全铺盖使用琉璃瓦，如明代十三陵与九龙壁都是琉璃瓦建筑史上的杰作。

中国古代宫廷建筑屋顶主要以琉璃瓦为主。琉璃瓦颜色丰富，有黄色、绿色、蓝色、黑色等。五行学认为天地万物都是由木、火、土、金、水五种元素组成的，这五种元素还各代表一个方位——东、南、中、西、北；也各代表一种颜色——青、赤、黄、白、黑。黄色象征中央方位和至尊之义，被尊为帝王之色。我国自宋代起，皇宫的殿顶就多用黄色琉璃瓦覆盖，故宫内的屋顶绝大部分为黄色琉璃瓦，为皇家所专用。紫禁城东部的“南三所”是皇子皇孙居住的地方，使用绿色琉璃瓦铺顶。绿色是生命之色，由五行中的“木”所主，“木”还主“生”、主“东”，因此，绿色是木叶萌芽之色，代表温和之春，象征着日出东方，以此保佑年幼的皇子皇孙顺利生长。天坛祈年殿的三重檐原来是三种颜色，由上而下分别是青、黄、绿色，分别象征天、地、万物，在重修后才都用的蓝色。紫禁城北门至神武门内的东西大房都以黑色琉璃瓦覆顶，这是因为北在五行中属“水”，主黑色。宫殿建筑屋顶的琉璃瓦大多为单一色彩，多色彩的屋顶用到的是各种剪边形式，沈阳故宫内主要建筑如大政殿用的是绿琉璃瓦黄剪边，故宫内藏书楼文渊阁用的是黑琉璃瓦绿剪边，也都体现出尊贵富丽的皇家气派。

琉璃瓦经过历代发展，已形成品种丰富、形制讲究、装配性强的构件，常用的普通瓦件有：

筒瓦、板瓦、瓦当、滴水、吻兽、垂兽、走兽、宝顶等等。

瓦当和滴水是中国古代宫室建筑屋顶瓦作的重要构件。瓦当是檐端的盖头瓦，俗称“筒瓦头”或“瓦头”。瓦当文字中有自名“当”者，例如：“蕲年宫当”“兰池宫当”“京师庾当”“吴尹舍当”等。所谓“当”，据解释，“底也，瓦覆檐际者，正当众瓦之底，又节比于檐端，瓦瓦相盾，故有当名”。因为陶瓦一块压一块，从屋脊一直排列到檐端，而带头的瓦正处在众瓦之底。瓦当的下面是椽头，当可以抵挡风吹、日晒、雨淋，保护椽头免受侵蚀，延长建筑寿命。所以，瓦当的名称很可能是由其所处的位置和作用而得来的。中国最早的瓦当集中发现于西周发祥地——陕西扶风岐山周原遗址，多为素面半圆形瓦当，个别的有重环纹半瓦当。大半圆形的瓦当出现于秦代。秦始皇陵北 2 号建筑基址出土一件直径 61 厘米、高 48 厘米的夔纹大半圆形瓦当【图 3-11】。当面图案由两条造型奇异的夔纹组成，两夔左右对称，姿态矫健，气韵生动，具有很高的装饰艺术价值，被文物考古界誉为“瓦当王”。秦汉以后流行圆形瓦当，纹饰取材广泛，山花树草、鸟兽鱼虫，图案写实，简明生动。汉代瓦当在工艺上达到顶峰。纹饰题材有四神、翼虎、鸟兽、昆虫、植物、云纹等。还出现了常见的文字瓦当，其上

图 3-11 秦始皇陵出土夔龙纹“瓦当王”

文字内容多为吉祥语句，如“长乐未央”“汉并天下”“千秋万岁”“延年益寿”“亿年无疆”等，也有标明建筑物名称与用途的。魏晋南北朝隋唐时期，由于佛教的广泛传播，莲花纹瓦当最常见，文字瓦逐渐消失。滴水又名滴子【图 3-12】，位于屋顶板瓦瓦沿，在实用上既便于屋顶流水，防止雨水回流，又起着保护檐头的作用，也增加了建筑的美观。一般认为，我国滴水瓦出现于唐代。滴水则多作垂尖形式，花样也很繁多。宫殿建筑的瓦当与滴水花纹十分考究，颇受人注意。如宋代多用兽面纹，明清以蟠龙纹、云龙纹、凤纹、花草为主，常见的有飞龙吐珠、游龙祥云等。

三　屋脊吻兽

宫殿建筑的屋顶上分布着各类的房脊，房脊的种类一般有正脊、垂脊、戗脊、角脊四种。分

图 3-12 天坛寰丘围墙瓦当与滴水

列于屋顶最高处平行排列的一组被称为正脊，大多饰有砖雕图案，如莲花、行龙、宝相花、盘绕龙等，同时还在正脊中间设置了一些高大的装饰性建筑，如宝珠、火焰珠、小法轮、玲珑宝塔等，增加了建筑的艺术性。垂脊就是由正脊，沿屋顶缓慢向下的部分；戗脊就是屋顶四周挑起的前端与垂脊相连接的部分，而角脊则是指重檐以下与戗脊相平行的部分。

宫殿建筑多在屋脊上装饰动物雕塑，以增加威严和神秘。正脊与垂脊相交处装饰有压脊兽，名叫鸱吻（螭吻），为龙之九子之一。它喜登高，好张望，形象呈张口吞脊翘尾之状，并有一剑以固定之。《太平御览》记载："唐会要目，汉相梁殿灾后，越巫言，'海中有鱼虬，尾似鸱，激浪即降雨'遂作其像于尾，以厌火祥。"文中的"巫"是方士之流，"鱼虬"则是螭吻的前身。螭吻属水性，用它作镇邪之物以避火。琉璃吻兽在建筑上有着特殊功能，正脊和檐角是殿顶两坡的交汇点，雨水从交汇点的缝隙容易渗入。吻兽在此起到严密封固瓦垄，使脊垄既稳固又不渗水。早期鸱吻的形式是类似鱼尾巴的形式，那时它的名称叫"鸱尾"。据专家考证，鸱尾是在晋代以后出现的。南北朝时期，随着佛教的盛行，佛经所称的两神的座物摩羯鱼传到了中国，便称鸱鱼。南北朝时的鸱尾形象在云冈龙门石刻中多见，许多文献资料上也有关于鸱尾的记载。晚唐以后，鸱尾由原来的鱼尾演变成了兽头形,其尾巴比较短，张大口，正吞着屋脊，尾部卷起上翘，因此改称鸱吻或吻兽。到了明清时期，皇帝至高无上，龙的造型成了皇权的象征物，鸱吻的造型也就变成了我们现在所看到的龙头型，而鱼尾形状已消失不见。此外，鸱吻上还雕刻出龙鳞，背上插着一把利剑将之固定，栩栩如生。鸱吻背上插剑有两个传说，一是防鸱吻逃跑，取其永远喷水镇火的意思；另一妖魔鬼怪怕这把扇形剑，取避邪的用意。从实用功能上来说，剑把之处为豁口，以方便灌注填充材料。明清时期的鸱吻位于建筑屋顶正脊两端，一般尺寸都比较大，所以又可称为正吻、大吻。

垂脊上装饰有一个较大的兽头，这便是“垂兽”。在戗脊上还有一排精美的小动物，领头是一个骑着凤凰的小人，称为“骑凤仙人”，其后是一排小兽,统称“走兽”。宋代开始有走兽装饰。走兽的多寡与建筑规模和等级有关，数目大多是单数。故宫太和殿等级最高为十一个，自檐角往内依次为骑凤仙人、龙、凤、狮子、天马、海马、狻猊、狎鱼、獬豸、斗牛、行什【图 3-13】，这在中国宫殿建筑史上是独一无二的，显示了至高无上的重要地位。

“骑凤仙人”，在民间也叫作“仙人骑鸡”。

关于它的来源，民间对此有着各种各样的传说。一种传说他是姜子牙的小舅子，想利用姜子牙的关系往上爬。姜子牙看出小舅子的居心，但深知他才能有限，因此对他说："你的官已升到顶了，如果再往上爬就会摔下来。"古代的建筑师们根据这个传说，把他放在了檐角的最前端，如果再往上爬一步就会掉下去摔得粉身碎骨，寓意是不要贪心。另一种传说是齐国的国君在一次作战中失败，被敌人追到一条大河边，眼看就要走投无路了。突然，一只大鸟飞到眼前，国君急忙骑上大鸟，化险为夷。因此人们把它放在建筑脊端，寓意着逢凶化吉。

龙、凤、狮是我们熟悉的动物形象，龙和凤被认为是皇帝及皇后的象征，而狮子是百兽之王，是威武的象征。天马，意为神马。海马，亦叫落龙子，海龙科动物。天马和海马象征着皇家

图 3-13 太和殿屋顶的吻兽、垂兽与走兽

的威德可通天入海。狻猊是古代传说中能食虎豹的猛兽,亦是威武百兽率从之意。鱼是海中异兽,亦可兴云作雨。獬豸是传说中能辨别是非曲直的一种独角猛兽，因此是皇帝“正大光明”“清平公正”的象征。斗牛，亦叫蚪牛，是古代传说中的一种龙，即虬、螭之类。虬有独角，而螭无角。行什是一种带翅膀猴面孔的人像，因排行第十而得名，是压尾兽。

这些小兽依次排列在高高的檐角处，象征着消灾灭祸，逢凶化吉，还含有剪除邪恶、主持公道之意。这些走兽还使古建筑更加雄伟壮观，富丽堂皇，充满着艺术的魅力。太和殿之外的其他殿上的小兽都是按级递减的，比如中和殿、保和殿、乾清宫、天安门上为九个，坤宁宫为七个，东西六宫为五个，小殿为三个，等级森严，不可僭越。

第四章　装饰陈设

在以木结构为主体的中国古建筑中，装修占有非常重要的地位。宋代《营造法式》中将装修归入“小木作”，为非承重木构件的制作和安装。清工部《工程做法则例》称为“装修作”，并分为外檐装修和内檐装修。外檐装修指建筑物外围门、窗等处的装修；内檐装修则指建筑物内部隔断、天花、藻井等处的装修。装修之外还有装饰，除了利用木材，还大量使用石、砖、瓦、金属等材料，并利用颜色、彩画、雕刻等方式，使建筑展现出丰富绚丽的立体美感。宫殿建筑中，除了建筑物本身能体现出其等级与规模，装饰更是突显皇权至高无上、屋宇金碧辉煌的重要手段。“陈设”也可称为摆设、装饰，俗称软装饰。“陈设”可理解为对物品的陈列、摆设布置与装饰。宫殿内外都有专门的陈设品，摆什么样的物品，摆哪里，怎么摆，均十分考究，每一类都深富中华文化内涵。

第一节　槛框隔扇

槛框隔扇指的是对室外门窗和室内隔断的装修和装饰。由于古建筑主要靠立柱和梁架承重，建筑物周围的围护墙、室外的门窗都没有承重作用，因此装修时可以任意拆装和移动，室内也可以做任意的隔断和修饰，这就带来很大的灵活性，也提供了很大的创作空间，是中国古建筑木装修所独有的。

一　槛框门窗

槛框是中国古建筑门窗外框的总称。中国古建的门窗都是安装在槛框里面的，而槛框固定在柱、枋和地面上。在古建筑装修槛框中，处于水平方向横置的构件为槛，处于垂直方向竖置的构件为框。槛依位置不同，又分为上槛、中槛、下槛。下槛是紧贴地面的横槛，是安装大门、隔扇的重要构件，上槛是紧贴檐枋（或金枋）下安装的横槛，中槛是位于上、下槛之间偏上的跨空横槛，其下安装门扇或隔扇。框也有多种，其中紧贴柱子安装的称为抱框。大门居中安装时，还要根据门的宽度，再安装两根门框。在门框与抱框之间，安装两根短横槛，称为“腰枋”，用于稳定门框。

古建筑的门窗，一般明间安装外檐门，次间和稍间安装窗子。明间外檐门一般是四扇隔扇门。与隔扇门配套共享的窗称为槛窗，安装在次间的槛墙上，形式、尺寸均与隔扇门上段部分相统一。宫殿门窗的形式多样，汉唐时期流行双扇板门和直棂窗；五代开始出现格子门窗，之后成为装饰的重点。宋《营造法式》记载有板门、乌头门、格门和软门四种。其中格门使用广泛，格心的装饰也最为多样，有菱花、龟背十字锦、卍字文、拐子纹（缠枝纹与龙纹的组合）等数十种。明清的门窗整体显得修长秀丽，花纹式样也更加灵活多样，种类包括一码三箭、步步锦、灯笼锦、拐子纹、龟背纹、冰裂纹、盘长（中国结）、卍字、亚字、回字等多种几何图案，有些还加工字，卧蚕、方胜（两个菱形部分相叠）、卷草、蝙蝠等；最高级的做法是用整块木板雕刻成龙凤、鸟、花卉及人物故事，精美绝伦。从文化内涵上来分析，这些装饰形象不仅是人们对美好吉祥事物的向往，更是等级森严的礼制规矩的反映，处处都充满着专制社会的理念和意识。

目前能见到的最华丽的槛框门窗当属故宫太和殿【图 4-1】。太和殿立面居中的七开间都装有大红色的隔扇，每间四扇并列，两端的四开间安装与隔扇相配套的槛窗，而每扇隔扇、槛窗的装饰均极为考究。隔扇一般分为隔心和裙板，两者之间以及上下两端还有一块绦环板。隔心部分是由木棂条组成的三交六椀菱花纹；裙板中央有双龙戏珠的木雕，四角围三角形卷草纹装饰。上下绦环板各有一条行龙做装饰。为了对门窗进行加固，宫殿门窗一般还用金属片钉在边框和转角相接处，称为“面叶”。太和殿隔扇的面叶由表面镀金的铜片制造，用小钉子钉在门框上，形

图 4-1 太和殿门装饰

成双拐角叶、双人字叶、看叶等，面叶上还有龙纹和云纹等装饰。此外，边框上还有一对用以开关隔扇的门环，尺寸虽不大，但上面也装饰有如意等花纹。

说到门，除了单幢房屋的房门，还有宫廷和主殿的大门。这类大门一般都还会置有门楣，也就是正门上方门框上部会用粗重实木制成横梁。在中国古代，只有朝廷官吏所居府邸的正门之上才能标示门楣，一般平民百姓是不准有门楣的。门楣是地位的彰显，有个词语叫作“光耀门楣”，反映的正是人们对权力和财富的向往。宫门的门楣上会统一题名，并施有油彩。嵌在门楣上的正六角形的方木或者圆木，是用来固定门框的木栓头，称为“门簪”或“门当”。当然，还有一种说法认为应该叫“户对”，而将门口的一对抱鼓石称为“门当”，成语“门当户对”便由此而来。门簪一般有两个或四个。一般认为，门楣上有两个的，对应的是五至七品官员；有四个的，对应的是四品以上官员。只有亲王以上的品级才能建三开门，嵌十二个门簪。

在故宫的大红门扇上，我们能看到横九竖九共排列有八十一个鎏金铜钉，这称为门钉。八十一个是门上钉的极限数字，只有皇帝才能使用。门钉大概出现在隋唐时期，最初是出于构造的需要，它相当于螺栓上的螺帽，用来防止门板松散。对于使用门钉的数量，明代以前无明文规定。到了明清两代，使用门钉的数量有了等级上的讲究。如《大清会典》记载有“宫殿门庑皆崇基，上复黄琉璃，门设金钉”“坛庙圜丘外内垣门四，皆朱扉金钉，纵横各九”等规制。品级与门钉数量有对应关系，一般呈单数递减，如亲王纵九横七，世子纵七横五，公爵纵横各七，侯爵以下至男爵纵横各五。从门环的材料上看，分别为铜、锡、铁。也只有宫殿大门才能用铜质的门环。由此可见，这一排排的门钉，不仅有其构造功能，也是装饰小品，更体现着中国专制社会等级制度的森严。

二 花罩隔扇

花罩、隔扇是建筑室内装修的重要组成部分，主要用来分割空间，并具有很强的装饰功能，集多种艺术形式和技术手段于一体。古建筑木装修中的花罩种类多样，主要有几腿罩、落地罩、落地花罩、栏杆罩、炕罩等。

几腿罩是花罩中最简单也是最基本的一种，其他罩都是由它发展而来。它又称鸡腿罩，从立面看，这种罩很像一个八仙桌或一个茶几，两侧的抱框，恰似鸡腿，由此得名。在几腿罩两侧，贴抱框各附一扇隔扇，隔扇下置须弥墩则变成了落地罩，可安花牙子作为装饰。落地花罩是花罩中十分华丽的一种，其构造是沿几腿罩的中槛下面通常安装透雕花罩。花罩两段沿抱框向下延伸直达地面，形成“冂”形三面雕饰。这块镶在大框内侧的巨型花雕，由边框、透雕大花罩和须弥墩等部分组成，多取“岁寒三友”“玉棠富贵”“鹤鹿同春”等内容吉祥且图案优美的题材，雕镌精细，做工考究，堪称木雕艺术精品。栏杆罩，顾名思义，是带有栏杆的花罩，上部均安装透雕的花罩，形成上有花罩、两边有栏杆、中间供通行的格局。炕罩，也称床罩，是安装在床榻前面的花罩，多用于面宽方向沿床榻外侧安装，内侧挂幔帐。如果室内空间高，床罩上面还要加顶盖。

隔扇，也称碧纱橱，主要装修在内屋，也叫隔扇门、格门。通常用于进深方向柱间，起分隔空间的作用。每幢碧纱橱由四至十二扇隔扇组成，除两扇能开启外，其余均固定。在开启的两扇隔扇外侧安有帘架，上置帘子钩，可挂门帘。碧纱橱隔扇的裙板、绦环上均有各种精细的雕刻，上面绘制花鸟草虫、人物故事等精美的绘画或题写诗词歌赋，装饰性极强。为什么叫“碧纱”呢？有这样的一种说法，过去的富贵人家常在格心上糊青、白二色绢纱，在其上画画、题词，所以叫“碧纱橱”，或称“纱隔”。据说“碧纱橱”还有个特别的用处。因为在中国古代，女眷是不能在生人前露面的，而“碧纱橱”将大厅隔成南北，北部专为女眷所设，透过纱隔又可以望见南部景观和三客的活动，堪称绝妙。用在现代居室内的屏风，也可算是隔扇的另一种作用，既能分隔空间，更是屋内的一件艺术精品，可供就近观赏，其装饰作用也已经远远超出实用功能了。

清代宫中殿堂，常以各种“罩”作为室内空间的分隔和过渡，以增加空间的层次和韵律感【图 4–2】。由于制作精细、装饰考究，又增加了室内环境的艺术韵味。内廷各宫室内，根据生活起居的要求，用隔扇、板壁、书架、炕罩等隔成

图 4–2 储秀宫落地罩

相对封闭的空间，或者用落地罩、花罩、栏杆罩等隔成若断若续的空间。比如东西六宫，在明间两侧装一层透雕的花罩，两稍间装有花隔心的隔扇，隔心装玻璃或糊纱，上面有绘花或题字。故宫太极殿内的落地罩、花罩、栏杆罩等使用非常巧妙，透过不同罩的洞口，室内家具、陈设、绿化等若隐若现，充分展现了宫廷内饰的精致和高雅，正如明代计成《园冶》中所言："轩楹高爽，窗户虚邻，纳千顷之汪洋，收四时之烂漫。"

第二节　天花藻井

天花藻井指的是对内部屋顶的装修和装饰，类似于现代建筑中的吊顶。在清代，平坦的天花板祓称为天花，又称承尘，大多用彩绘做装饰。宋代与这种形式类似的称为平棊（棋），即在木框间放较大的木板，板下施彩绘或贴以有彩色图案的纸。宫殿建筑中常见由井字形方格和木板组成的天花，其上施以彩画，称为“井口天花”，是天花中的最高形制。其中的龙井天花又是帝王专用的，故宫主要殿堂的天花如太和殿、乾清宫等都是这种形式。这种天花的彩画图案，往往中央部分是圆形的团花，里面有一条团龙或坐龙，四个岔角分别施云纹，在井口相交处还有莲瓣或如意纹做装饰。色彩上总体是以青、绿色为主，龙纹上施金色，其他纹饰用金色勾边，基本与外檐的彩画相配套，庄严而又华丽。

图 4–3 千秋亭藻井

“藻井”是中国传统建筑中天花板上的一种装饰，名称中含有五行以水克火，预防火灾之义。藻井就是平顶天花板的中央部分向上升起一个井口，井口逐层向内凹进收缩。形制有方格形、六角形、八角形或圆形，周围饰以各种花藻井纹、雕刻、彩绘，有些由细密的斗拱承托。常见的有“双龙戏珠”【图 4–3】等。

藻井在中华建筑中也称得上是一种特殊的形制，它的发展由简而繁，由实用结构形状演变为重装饰的构造。藻井的出现由来已久，在汉代墓室顶上已发现有藻井装饰，上面刻画有藕茎类的水草植物，如菱角、荷花或莲叶。古人认为水草可以压火。据《风俗通》记载：“今殿作天井。井者，东井之像也。菱，水中之物。皆所以厌火也。”东井即井宿，是二十八星宿中的一宿，古人认为它是主水的。因此，在殿堂、楼阁最高处做井，同时装饰以荷、菱、莲等藻类水生植物，都是希望能借以压伏火魔的作祟，以护佑建筑物的安全。由于佛教的传入，莲花更是作为藻井的主要装饰内容，敦煌莫高窟现存 492 个洞窟，其中 420 个洞窟里都有藻井，而莲花图案【图 4-4】一直延续了千余年之久。明代之后，藻井的构造和形式有了很大的发展，极尽精巧和富丽堂皇，除了规模增大之外，顶心用以象征天国的明镜开始增大，周围放置莲瓣，中心绘云龙。后来，这中心的云龙愈来愈得到强调。到了清代就成了一团雕刻生动的蟠龙。蟠龙口中悬垂吊灯，不失原来明镜的

图 4-4 敦煌藻井

形式。

在中华传统文化的观念中，藻井是一种具有神圣意义的象征，只能在帝王或宗教建筑中应用，所以藻井多用在宫殿、寺庙中的宝座、佛坛上方最重要部位。中国现存最华丽、最高等级的藻井应是北京故宫太和殿内的藻井【图 4–5】。这座藻井位于大殿的正中央，共分上、中、下三层，下层为正方井，四周用一圈莲瓣与井口天花相隔。在四方井的四角上各安防一条抹角梁，使得中层变为八角井。中层的八角井内放两个正方形梁枋形成更小的八角井，再由圈梁组成上层的圆井。这种设计体现了中国“上天下地”“天圆地方”的传统说法。藻井内金龙盘卧，俯首下视，口衔轩

图 4–5 太和殿藻井

辕镜（由一颗大宝珠四周围着六颗小宝珠组成），其位置正在宝座上方，以示皇帝为轩辕氏皇帝的正统继承者。这座 6 米见方、高达 1.8 米的藻井全部由木料制作，上下布满了龙形装饰，正中央的巨龙雕刻精细，与大殿内巨柱上的金色蟠龙互相映衬，更加烘托出了帝王宫殿的庄严和华贵。

第三节 彩饰绘画

彩画是中国古代建筑中最具特色的装饰手法。它是用油漆掺入各种颜料并绘饰图案，形成色彩艳丽的装饰画，施在各类大、小木作的构件上。古代建筑上的彩画主要绘于梁和枋、柱头、窗棂、门扇、雀替、斗拱、墙壁、天花、角梁、椽子、栏杆等建筑木构件上，主要以梁枋部位为主。在很早的时候人们就发现，在木结构表面施色敷彩，可以防虫、防潮，达到保护木骨的目的。随着彩画的发展，其装饰和等级性逐渐增强。

彩画的历史可以追溯到春秋时代“山节藻棁”的记载，“藻棁”就是在梁上的短柱上绘以藻草的装饰纹样。秦汉时期，宫殿建筑的柱、椽上也绘有龙蛇、云团等图案；六朝和隋唐时期是彩画的发展高潮期，佛教纹样如卷草、莲瓣、宝珠等被广泛运用；宋代开始，彩画得以规格化，被分类应用在不同等级的建筑上，在《营造法式》卷十四彩画作制度中有专门的记载。其将当时彩画归纳为六种形式，即五彩遍装【图 4-6】、碾三装、青绿叠晕棱间装、解绿装、丹粉刷饰和杂间装。在卷三十三《彩画作制度画样上》和卷三十四《彩画作制度画样下》还绘制有大量宋式彩画的画样。五彩遍装是宋代规格最高的殿堂彩画，遍用青、大青、黄、赤黄、朱、绿、紫、金、赭各色，用色华丽，色彩斑斓；使用花卉、锁纹、

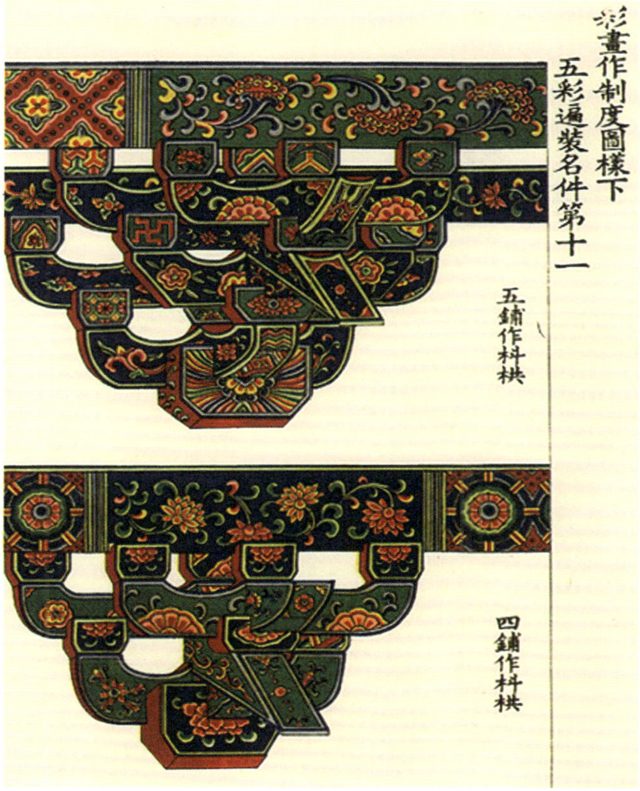

图 4-6《营造法式》"五彩遍装"彩画图样

飞仙、走兽等花样，种类繁多，等级分明，这都比清式彩画复杂得多。现存宋代五彩遍装彩画，由于历经八百余年多次重画，绝大多数已经面目全非，在山西大同市的华严寺和晋祠圣母殿，还存有此种类似式样的彩画实例。

明清时期，彩画发展到了高峰，主要包括和玺彩画、旋子彩画、苏式彩画三大类型。

和玺彩画是明清彩画中规格最高的彩画，大多沥粉贴金，金碧辉煌，常施于宫殿的梁枋上。彩画主要由三部分构成：箍头位于梁枋的两头，其两端多以三至四道垂直的蓝线、白线或绿线交替而成，内画升龙；藻头位于箍头往内的一段，其两端多以蓝白相间的之形折线相隔，蓝藻头内多画金色升龙，绿藻头内多画金色降龙；枋心为梁枋的中段，多画青底的两条相对的金色行龙戏珠。在梁枋之上的狭长平板枋上，还画有一串青底的金色游龙。和玺彩画主要用于紫禁城外朝的重要建筑以及内廷中帝后居住的等级较高的宫殿。根据不同内容，和玺彩画分为“金龙和玺”“龙凤和玺”“龙草和玺”等不同种类。太和殿【图 4–7】、乾清宫、养心殿等宫殿多采用“金龙和玺”彩画；交泰殿、慈宁宫等处则采用“龙凤和玺”彩画；而太和殿前的弘义阁、体仁阁等较次要的殿宇使用的则是“龙草和玺”彩画。

旋子彩画，又称学子、蜈蚣圈，在等级上仅

图 4-7 太和殿金龙和玺彩画

次于和玺彩画，其最大的特点是在藻头内使用了带卷涡纹的花瓣，即所谓的旋子或旋花。旋子彩画最早出现于元代，明初即基本定型，清代进一步程序化，是明清官式建筑中运用最为广泛的彩画类型。清代旋子花纹和色彩的使用逐渐趋于统一，图案更为抽象化、规格化。色调主要是黄色（雄黄玉）和青绿色（石碾玉）；线条用金线和墨线勾勒；旋子花心用金色填充。枋心头多作圆弧状，绘有龙锦、锦纹花卉等花纹，有时也仅在青绿底色上绘一道墨线或留空。藻头中心绘出花心（旋眼），旋眼环以旋状花瓣二至三层，常见的旋花为“一整二破”，即一个整团旋花，两个半团旋花。旋子彩画按用金多寡及颜色的不同可分为金琢墨石碾玉、烟琢墨石碾玉、金线大点金、墨线大点金、金线小点金、墨线小点金、雅五墨等几种。贴金多的等级高，贴金少的等级低。在故宫后廷的东、西六宫中，旋子彩画运用地十分普遍，如景运门、基化门、永寿宫、翊坤宫等。在钟粹宫、长春宫和储秀宫等正殿还保留有几处明代早期的青绿点金旋子彩画，风格较为素雅。

苏式彩画，发源于南方，等级低于前两种，主要用于园林建筑和住宅。苏式彩画有相对固定的格式，枋心多为山水、人物故事、花鸟鱼虫等不同题材的画面，藻头两边用《 》或（ ）框起。“( )”被建筑家们称作“包袱”，苏式彩画便是从江南的包袱彩画演变而来的。苏式彩画底色多采用土朱（铁红）、香色、土黄色或白色为基调，色调偏暖。明代江南丝绸织锦业发达，各式锦纹为苏画所采用。永乐年间营修北京宫殿，大量江南工匠被征用，苏式彩画因此传入北方。到了清代，官修工程中的苏式彩画内容日渐丰富，博古器物、山水花鸟、人物故事，甚至西洋楼阁也杂出其间。最具代表的莫过于北京颐和园的苏式彩画长廊，是我国园林建筑中最长的一条廊，共 273 间，全长 728 米。颐和园长廊可以称得上是一座名扬天下的彩画博物馆。这些彩画多达

14 000多幅，大致可分为山水、花鸟、古建筑和人物故事画等四类，其中，人物故事画最引人入胜，有320幅。长廊人物彩画涉及的故事时间跨度极大，涵盖了从远古时代的三皇五帝到封建社会的最后一个王朝，取材范围颇广，有各类耳熟能详的历史故事、民间传说、古典小说、戏曲神话、唐诗宋词等，如著名的“桃园三结义”【图4-8】、“竹林七贤”“岳母刺字”等。

中国古代建筑的色彩斑斓绚丽，特别是宫殿建筑，用色大胆也善于用色，在色彩的选择上具有明显的倾向性和等级性。如前面提到的黄色琉

图4-8 颐和园长廊的苏式彩画“桃园三结义”

璃瓦是宫殿主体建筑的专用色，而皇宫的立柱多见丹红（中国红）。《礼记》记载“楹（柱），天子丹，诸侯黝，大夫苍，士黄”，可见颜色的使用有非常明确的等级之分。为了烘托皇权至上，立柱上还大多沥粉贴金、雕刻缠龙等，比如太和殿大殿内宝座周围有四根雕有金色蟠龙的巨柱，以进一步突出皇权的威严。明清宫殿建筑一般采用黄瓦、红墙、青绿彩画、红柱、红门窗，颜色对比极为强烈。金黄色的琉璃瓦顶与蓝天互为对比，使建筑的色彩显得更加艳丽；黄色琉璃瓦与檐下的青绿彩画互为对比，青绿彩画又与红色砖墙互为对比，刻意的撞色给人以强烈的视觉冲击。汉白玉须弥基座、灰色铺砖，灰白颜色对比自然得体，与建筑物屋身、屋顶的艳丽的颜色形成冷暖互补。总之，宫殿建筑用色强烈，图案富丽，色彩斑斓，金碧辉煌，显示出很高的造诣，使得总体效果更为突出。

第四节　雕饰工艺

中国传统建筑装饰以“三雕”为主，即木雕、石雕和砖雕。其中木雕的数量和质量可谓“三雕”之首。古代建筑上的装饰细部大部分是由梁枋、斗拱、檩椽等构件经过艺术加工而发挥其装饰的效用。古代建筑综合运用了我国工艺美术以及绘画、雕刻、书法等方面的成就，使得建筑外观变化多端且丰富多彩。建筑物上不同的雕刻内容有着不同的寓意，例如龙是中华民族的象征，也是帝王和权力的体现；梅兰竹菊清雅脱俗，象征文人高洁的品格；而荷花和梅花组合起来的雕刻表示“和和美美”。这些内容与人们的生活息息相关，深入日常生活的各个角落，充满着中华民族风格的气息，也深刻地体现出中国传统文化的内涵特征。

一　木　雕

中国古建筑以木结构为主，因此，木雕在

建筑雕饰中占有很大的比重。早在战国时期，木雕作为建筑的一部分已经被采用，之后经过历代发展而逐渐成熟。明清时期，木雕装饰无论是从使用数量、题材内容还是技法表现上都进入了鼎盛时期，形成了众多流派和风格。由此，也形成了专门的木雕行业，如北京一带是建筑木雕的官式做法，构图讲究，技法全面，影响深远。

宫殿建筑中的木雕技术反映在各个方面，如大木作类的梁、柱、檩、椽、斗拱、雀替等；小木作类的槛框、门窗、花罩、隔扇以及家具陈设等，数量众多，内容丰富，凝聚着木雕技术的精华。明清宫殿建筑中，梁枋大多满饰彩画，但也不乏木雕的精品。比如辽宁沈阳故宫崇政殿檐廊上的挑头梁【图 4-9】，将整条梁雕成了龙形，伸出檐廊之外的梁头雕做龙头，梁身就是龙身，藏在殿内的梁尾刻成龙尾，还刻有龙腿、龙爪等。相邻的两根柱头上的龙头相互对峙，中央有一颗火焰宝珠贴在梁上，形成双龙戏珠的景象，十分生动逼真。宫殿建筑的梁枋都装饰精美，配套使用的柁墩也往往会使用木雕工艺。柁墩由于体积小，所以一般雕刻成卷草、如意或莲花纹，而在一些民居建筑中，还能看到刻有复杂人物故事图像的柁墩。平棊天花常见的也是彩画装饰，而在紫禁城宁寿宫的乐寿堂内，我们能看到雕饰工艺的天花。每一块天花板上，都布满着卷草纹组成的木

图 4-9 沈阳故宫崇政殿的挑头梁

雕花纹，而且用的都是高浮雕技法。宁寿宫花园的古华轩的天花也是木雕装饰，不同之处在于其雕刻的花纹是由卷草纹组成的方形团花，四角再配以花饰，典雅高贵，气度不凡。

宫殿建筑中最能体现木雕工艺技术的构件莫过于紧贴在主要梁枋之下的雀替了。在明清时期的建筑物外面几乎随处可见，大多雕刻华丽。明清时期雀替的种类丰富，花式多样，主要有七种：雀替、大雀替、小雀替、龙门雀替、骑马雀替、通雀替和花牙子雀替。太和殿、保和殿是清式中最常见实物的式样，略成直角三角形的斜边做成

图 4-10 沈阳故宫内廊道上的花牙子雀替

蝉肚形连续曲线，上面雕刻龙纹，也有雕刻为植物卷草纹。大雀替，由整木制成，柱头做成大斗衔托雀替之状，但不直接承接梁头或额枋。沈阳故宫大清门上用到此类。小雀替短小简单，多用在屋内，如太和殿的后金柱上。宫殿的花园廊道中，常用的为花牙子雀替【图 4-10】，属于纯粹的装饰品，置于檐枋下加安横木花楣子之下。在建筑末端，由于开间较窄，自两侧柱挑出的雀替常连为一体叫骑马雀替，在颐和园内的垂花门上即可见到。

二 石 雕

中国古建筑的石雕技艺源远流长。在很早的时候，石材就被利用于建筑构造中。至隋唐时期，石材更是广泛地运用在宫殿、庙宇和园林建筑中，石雕技术与艺术也随之发展成熟，日臻完善。宫殿建筑中的石雕艺术主要见于建筑的基座、栏杆的望柱、栏板、抱鼓石、御路石、门枕石、柱、柱础、华表、石桥、石狮、石龙等，为宫殿建筑增添了自然古朴的本色以及生动意趣的韵味。

以宫殿建筑的栏杆装饰为例。紫禁城中的前朝三大殿以及后宫的乾清宫、宁寿宫等台基四周都有石栏杆，其他如太和门、乾清门、宁寿门等石台上也有石栏杆。台基四周的石雕艺术前文有过介绍，这里补充下石拱桥上的栏杆装饰。太和门广场中央的内金水桥【图 4-11】为太和门广场前五座汉白玉石拱桥的统称，是紫禁城中最大、最壮观、最华丽的一组桥。这五座桥上的玉石栏杆全都不尽相同，在专制社会的使用等级也不一。正中的一座是御路桥，桥长 23.15 米，宽

图 4-11 太和门广场中央的内金水桥

6米，汉白玉望柱上雕刻着蟠龙祥云，此桥供皇帝专用。御路桥东西两侧为王公桥，长21米，宽5.4米，供皇室成员、亲王大臣通行。再两侧为品级桥，长19.5米，宽4.8米，供三品以上官员行走。武英殿东面的断虹桥被认为是紫禁城中最精美的桥。白玉石栏板上为浮雕的花卉行龙图案，望柱上的小蹲狮神态活泼，栩栩如生。两旁的十八槐古老粗壮，苍翠茂盛。断虹桥在红墙绿树的映衬之下，更显风姿秀雅，别具韵味。颐和园内有一座长150米的大型石桥，由17个券洞连成，远远望去像一道长虹飞跨在碧波之上，常被称为“十七孔桥”。桥两侧共有128个望柱头，上面共雕有大小共544只狮子。这些狮子个个惟妙惟肖，有母子相抱、蹲坐凝望、趴卧养神、玩耍嬉闹、你追我赶，神态各异，互不雷同。

宫殿建筑的柱子大多是大红色木柱，也有石雕的。如曲阜孔庙大成殿前就有十根浮雕磨石柱，每根柱上刻有云龙两条，相对飞舞盘旋，中间镶嵌宝珠，上下绕以云彩，根部承以覆莲柱础，雕琢精细，别具一格。远看只见云龙飞舞，堪称是建筑史上罕见的石雕珍品。

三　砖　雕

砖雕是在特制的质地细密的土砖上雕刻图案和花纹的工艺。战国时期已有花砖出现，汉代的画像砖更是闻名遐迩。砖雕艺术约始于汉代的模印砖雕，唐代花砖在经模印后还加以雕刻。宋代墓室砖雕盛行，多层浮雕法得到应用。明清时期砖雕表现内容丰富，技法更为精湛，并逐渐形成了南北两派风格。

在宫殿建筑上，砖雕艺术主要作为建筑构件或屋脊、墙面、大门、影壁等上的装饰。屋脊、墙面的砖雕彩画，内容主要以吉祥图案为主，比如卍字纹、牡丹花、菊花、太极图、人物故事等，寓意万事如意。影壁，也称照壁，是建筑物大门外正对大门以作屏障的墙壁。影壁是由“隐避”演变而成。门内为“隐”、门外为“避”。它的形状有一字形、八字形等，通常是由砖砌成，由座、身、顶三部分组成，大多为须弥座。豪华的影壁通常装饰有很多吉祥图样的砖雕。影壁墙上的砖雕主要有中心区域的中央和四角，称为“中心花”和“岔角”。在影壁墙的中央还镶嵌有福寿字的砖匾或者是带有吉祥意味的砖雕。

装饰最为华丽的影壁当属故宫的九龙壁【图 4-12】了。九龙壁位于紫禁城宁寿宫区皇极门外。于乾隆三十七年（1772）改建宁寿宫时烧造，长 29.4 米，高 3.5 米，厚 0.45 米。壁上部为黄琉璃瓦庑殿式顶，檐下有仿木结构的椽、檩及斗拱，下部为汉白玉石须弥座，端庄凝重。壁面以蓝天绿水为底纹，卷云飞腾，海浪翻滚，烘托出碧水连天的磅礴气势。壁上的主题纹饰为九条蟠

图 4-12 故宫九龙壁

龙，采用高浮雕手法制成，最高部位高出壁面 0.2 米，具有极强的立体感。纵贯壁心的山崖奇石将 9 条蟠龙分隔于 5 个空间，代表天子的“九五之尊”。黄色正龙居中，前爪作环抱状，后爪分撅海水，龙身环曲，将火焰宝珠托于头下，瞠目结舌，威风凛然。左右两侧各有蓝色降龙和白色升龙各一对。左侧两龙龙首相向，右侧两龙背道而驰，四龙各逐火焰宝珠，神动形移，动态十足。外侧双龙，各一紫一黄。左侧的紫龙左爪下按，右爪上抬，龙尾前甩；黄龙挺胸缩颈，上爪分张左右，下肢前突后伸，二龙相互争夺，活灵活现。右端的紫龙昂首收腹，前爪击浪，风姿雄健；黄龙弓身弩背，腾挪跳跃，刻画生动。在颐和园的大门口，

也有两座砖雕大影壁，影壁的中心花和岔角均有雕龙，中心花为三条盘龙穿行于祥云之间，中间的龙头飞腾而出，左右两龙相对侧目仰视；四个岔角各有游龙行云，也为高浮雕的技法精心加工而成，都是砖雕艺术的精品。

第五节　华表鼎立

“华表鼎立”指的是宫殿建筑外部陈设的华表和鼎，此处用来指代宫殿的内外陈设。宫殿的外部陈设主要包括华表、铜石狮、吉祥缸、日晷、嘉量、鼎式香炉、铜龟、铜鹤等；内部陈设包括宝座、轩辕镜、太平有象、用端等。所有这些陈设，都体现了皇家的尊严和气派。

一　外部陈设

1. 华表

华表是古代设在宫殿、城垣、桥梁、陵墓前作为标志与装饰用的大柱，设在陵墓前的又名墓表。华表一般由底座、蟠龙柱、承露盘和其上的蹲兽组成。柱身多雕刻龙凤等图案，上部横插着雕花的石板。华表用于放在宫殿、陵墓外的道路两旁，也称为神道柱、石望柱、表、标、碣。华表是一种标志性建筑，已经成为中国的象征之一。

在天安门前后各有一对汉白玉华表【图 4-13】。每根华表通高为 9.57 米，直径为 0.98 米，重约 20 000 千克。顶端承露盘上的蹲兽称石犼，据说是一种似狗而吃人的北方野兽，也就是神话中观音菩萨的坐骑金毛犼，在西游记里还绑架了朱紫国的皇后。在民间传说中，天安门内的一对华表

图 4-13 天安门前的华表

名曰“望君出”，是提醒皇帝应该出宫去体察民情；天安门外的一对华表叫“望君归”，是呼唤皇帝应该赶快回宫处理朝政大事。除了天安门，在明十三陵、清东陵、清西陵以及卢沟桥等处也可以见到这样的华表。高耸挺拔的华表矗立在皇宫内外，不仅给人以崇高纯洁之感，更体现了皇家的高贵与尊严，是皇家建筑的特殊标志。

2. 香炉、香筒

香炉一般为鼎式，也叫作香炉鼎，是一种从古代一直沿用至今的礼器。我国古代举行大典时用来燃烧檀香和松枝，能辟邪，又求吉祥，象征帝王权力。器物一般为三足，有盖为鼎，无盖为炉。

最初的鼎是由远古时期陶制的餐具演变而来的。鼎的主要用途是烹煮食物，鼎的三条腿便是灶口和支架，腹下烧火，可以熬煮油烹食物。自从青铜鼎出现后，它又多了一项功能，成为祭祀神灵的一种重要礼器。圆腹三足称圆鼎，方腹四足称方鼎，鼎口处一般有两耳。对铜鼎的拥有和使用，是专制社会身份等级的标志之一。在礼乐制度成熟的周代，就有“天子九鼎，诸侯七鼎，卿大夫五鼎，士三鼎”等使用数量的规定。随着这种等级、身份、地位标志的逐渐演化，鼎逐渐成了国家的重宝、王权的象征。统治者往往以举国之力，来铸造大鼎。秦代以后，鼎的王权象征意义逐渐失去。此后，伴随着佛教在中国的传播，鼎的形式得以延续。后代的鼎通常安放在宫殿和寺庙大殿前，既是装饰物，又是焚香的容器，故又称之为香炉鼎。

在太和殿殿前三层须弥座上共有鼎式香炉【图 4-14】18 只，丹陛上 6 只，以下 3 层，每层 4 只。明朝的行政区划本为 15 省，到清初改为 18 省。鼎的造型既沉稳又坚固，这 18 只鼎式香炉意为普天之下，国泰民安，象征着政权稳固，正有传国重器之意。

鼎式香炉也可作为宫廷室内的陈设品，是祈天求祷的器具，也是吉祥之物。如太和殿殿内

图 4-14 太和殿前的鼎式香炉

的宝座旁即陈设有清乾隆年间制作的掐丝珐琅香炉。它通身勾莲花纹，三象首为足，样子古朴，颜色鲜艳。香筒，是香炉的一种，也是清代皇宫内固定的陈设之一，因顶子为亭子式，所以也叫香亭。香筒寓意太平、安定、大治。太和殿内的铜胎掐丝珐琅香筒，做工精湛，其内可燃点檀香，青烟从镂空筒身中飘出，云烟缭绕，庄严神秘。

3. 铜狮、石狮

狮子是一种瑞兽，百兽之王，勇不可挡，威震四方。在宫殿大门外常置有一对铜狮或石狮，不仅有辟邪的作用，也代表着“尊贵”和“威严”。按照中国的传统习俗，成对的狮子一般左雄右雌。左边的雄狮右掌抬起，在玩弄绣球，俗称“狮子滚绣球”，象征帝王天下一统统治的威严；右边的雌狮，前掌抬起在戏弄小狮，谓之太师少师，象征子嗣昌盛，繁衍绵延之意。狮子的造型生动，栩栩如生，大多作张口露齿、咆哮怒吼状，颈上有卷曲的鬃毛，大多有着“十三太保”的发髻，颈下披挂瓔珞彩带和铃铛，肢爪强劲有力，整体高大威猛，并蹲踞在铜或石质须弥基座上。

明、清两代在紫禁城陈设的铜狮分散在六处，其中外朝一处，内廷五处，每处都是一对。故宫太和门前的两头铜狮子，是外朝仅有的一对青铜狮【图 4–15】。它们高约 2.4 米，底座长 2.76 米，宽 2 米，是紫禁城内最大的铜狮，也是唯一

图 4-15 太和门前的铜狮

无鎏金的铜狮，据专家从造型上推测为明代所铸。它们陈设在太和门前，与高大、华丽、雄伟的太和门协调相称，增加了庄严壮丽的气氛。

内廷的五对铜狮均为鎏金铜狮，通体金黄色，在阳光照射下，烁烁闪光，耀眼夺目。它们分别设置在乾清门、宁寿门、养性门、养心门和长春宫门前。位于宁寿门、养性门、养心门前的鎏金铜狮，在其胸前或铜座上都刻有“大清乾隆年造”的字样。养性门前的鎏金铜狮是紫禁城鎏金铜狮中保存最完好的一对。它们与乾清门、宁寿门的鎏金铜狮造型基本一样，特点是狮子的耳朵都是耷拉着的，眼睛也被前额的毛发遮盖了部分。据专家介绍，清朝皇家禁止臣子进入后宫，更严禁后宫干预朝政。铜狮子的耳朵耷拉，眼睛被遮，就是要警示后宫嫔妃和佳丽们，对于前朝的政事，要少听、少看、少议论。自清雍正皇帝后，养心殿成为各朝皇帝处理政务和生活起居的重要场所，故养心门前也陈设有鎏金铜狮。它们小巧精致，是唯一一对须弥基座也为鎏金铜铸的铜狮。长春宫门前陈设的一对鎏金铜狮不足两尺高，是东、西六宫中唯一的一对。清末慈禧太后于同治帝亲政后，曾移居长春宫，光绪皇帝及逊帝溥仪的妃子也都曾在这里住过,因此在此陈设。

在天安门前、金水河两岸，各有一对浑重威武高 2.2 米的石狮。这两对石狮，雕刻于明代永乐年间,是我国石狮中的精品。它们雕刻精巧，敦实勇猛。1950 年，在扩建天安门广场时，石狮的位置同华表一样向北迁移了 6 米。这两对石狮雌雄左右成对，雄狮居左，雌狮居右。东边的狮子头略向东歪，而眼睛却向西看，西边的狮子头略向西歪，而眼睛却向东注视，它们皆双目圆睁，全神贯注地紧盯天安门前正中间的御道，仿佛表明它们也是皇帝的忠实卫士。它们与秀美的华表一起衬托着巍峨的城楼，使天安门城楼显得更加蔚为壮观，雄伟无比。

4. 铜龟、铜鹤

龟、鹤是我国传说中的神灵动物，用来象征长寿、庆贺永享天年。太和殿前陈列着两对铜龟【图 4–16】、铜鹤【图 4–17】，象征着帝王的长命百岁，江山永固，千秋万代。它们都张着嘴昂首向前，仙鹤居前，有通天之意，神龟在后，表达入海之能。龟和鹤都是用铜铸成，腹为空心，

图 4–16 太和殿前的铜龟

图 4-17 太和殿前的铜鹤

身上都开有一个洞口。每当太和殿举行大典时，在龟、鹤腹中燃点香料，所生烟雾便从龟和鹤的嘴中吐出，和须弥座上下的鼎式香炉一样，香烟缭绕，营造出神秘庄严的氛围。

铜龟和铜鹤下面的须弥座采用了与标准形式不大相同的式样，是清式典型须弥座上的改造与创新，取消了上枭和下枋，加高了圭角，大大地压扁了束腰，形成新的基座式样。在太和殿前的四种重要陈设的下面，都用了改造过的须弥座，显示出古代工匠的巧妙构思和设计才能。

5. 日晷、嘉量

日晷，又称“日规”，是我国古代一种计时仪器。它利用太阳的投影和地球自转的原理，借助指针所生出来的阴影来确定具体时间。通常由铜制的指针和石制的圆盘组成。铜制的指针叫作“晷针”，垂直地穿过圆盘中心，起着圭表中立竿的作用。因此，晷针又叫“表”，石制的圆盘叫作“晷面”，安放在石台上，呈南高北低，使晷面平行于天赤道面，这样，晷针的上端正好指向北天极，下端正好指向南天极。在晷面的正反两面刻划出十二个大格，共十二个时辰。中国古时把一天划分为十二个时辰，每个时辰相等于现在的两小时。十二个时辰分别以地支为名称，从半夜起算，半夜十一点到一点是子时，中午十一点到一点是午时，以此类推。当太阳光照在日晷上时，晷针的影子就会投向晷面，太阳由东向西移动，投向晷面的晷针影子也慢慢地由西向东移动。于是，移动着的晷针影子好像是现代钟表的指针，晷面则是钟表的表面，以此来显示时刻。日晷在汉代已经普遍使用，太和殿门前使用日晷【图 4-18】，不但借以记时，还寓意王恩如日，光辉普照。

嘉量是我国古代的标准量器。全套量器从小到大依次为斛、斗、升、合、龠五个容量单位。据说早在乾隆初 年，有人得到一只东汉时期“嘉量”，叫作“新莽嘉量”，并把它献给乾隆皇帝。乾隆认为此乃天意，应当在宫中安设。于是，以“新莽嘉量”为依据，并参考了唐太宗时期的方形“嘉量”样式，于乾隆九年（1744），制造出了

图 4–18 太和殿前的日晷

图 4-19 太和殿前的嘉量

两个方形和两个圆形“嘉量”。乾隆皇帝把其中两圆一方的三只“嘉量”，分别置放在北京故宫午门、太和殿【图 4-19】、乾清宫前，将余下的那只方形“嘉量”，于乾隆十三年（1748）派人送到盛京，陈设在沈阳故宫崇政殿前。嘉量用作宫殿建筑陈设，象征着皇帝的公正和至高无上，也象征着国家的统一和强盛。

6. 吉祥缸

吉祥缸是指置于宫殿门前盛满清水以防火灾用的水缸。古时又称之为“门海”，因为古人相信门前有大海就不怕火灾，故又称“吉祥缸”，一般有铜、铁、鎏金三种。缸内平时盛满水，以

图 4-20 太和殿的鎏金铜缸

备消防火灾之用。太和殿外东西两侧共有 4 口鎏金青铜吉祥缸【图 4-20】，每口重约 2 吨。故宫内共有明清吉祥缸上百口，其中鎏金铜缸只有 18 口，除了防火，还起到装饰作用。鎏金铜缸一般通体素面，两侧各有成对的铺首衔环组成的提链，用以方便扛抬。

二 内部陈设

1. 宝座

凡专供皇帝使用的坐具皆称为宝座。宝座多陈设在各宫殿的正殿明间，为皇帝专用。有时也放在配殿，一般放在中间或显著的位置。这类大椅很少成对，都是单独陈设。宝座多由名贵硬木制成，比如紫檀木、黄花梨、酸枝木，施以云龙等繁复的雕刻纹样。有些雕工极其烦琐，髹上金漆，相当富丽华贵。宝座作为皇帝的专用坐具，无论是前朝后宫、都城，还是离宫别苑，凡是皇帝所到之处，都要陈设宝座。因此，它被赋予了极高的地位，是皇帝的象征。据说雍正皇帝还专门为宝座颁布过一道圣谕，要求凡有宝座之处，所有人经过时必存恭敬之心，低头快速走过才合乎礼节，否则将严惩治罪。

在故宫太和殿中央的髹金漆云龙纹宝座【图 4-21】，是现存做工最讲究、装饰最华贵、体量最大、雕镂最精美的宝座，也称"金銮宝座"。它设在约两米高的七层木质须弥台座上，其后摆设着七扇雕有云龙纹的髹金漆大屏风。"金銮宝座"是明代皇帝遗物，清代历朝皇帝继续沿用。

图 4-21 故宫太和殿中央的髹金漆云龙纹宝座

据说袁世凯复辟称帝在太和殿登基时，曾把此座抬出去，换上一个新的沙发座靠天椅，成了一场闹剧。“金銮宝座”上先后坐了明清 24 位皇帝，统治中国达 500 多年，是一件绝无仅有的孤品。

2. 轩辕镜

古代皇帝金銮宝座的正上方由水银制成的亮晶晶的圆球称“轩辕镜”【图 4−22】。现今宫殿建筑中，宝座上方都会设有藻井，其内浮雕蟠龙的口衔之珠，铜胎、中空，外涂水银，光亮如镜，称“轩辕镜”。据说最早为轩辕氏所制，可以分辨真假天子，为避邪正统之器。轩辕镜与蟠龙一起构成游龙戏珠，悬挂于皇帝御座上方，表示中国历代帝王都是轩辕氏后裔，是黄帝的正统继承者，也暗喻普天之下都属王臣。有言袁世凯登基时，因为心虚害怕轩辕镜会掉下来砸死自己，于是下令将龙椅往后移了三米，现在故宫中我们见

图 4−22 轩辕镜

到的龙椅仍旧是向后移三米摆放的。

3. 太平有象

太平有象即皇帝宝座旁成对的大象形状的陈设品。象高大威严，躯体粗壮，性情温和，粗大的四腿直立在地，稳如泰山，象征着社会安定和政权的巩固。象身上驮一宝瓶，盛着五谷或吉祥之物，表示五谷丰登，吉庆有余，天下祥和。大象驮宝瓶而来，寓意给皇帝带来了丰收和吉祥，故有“太平有象”“喜象升平”之说。陆游曾赋诗道：“太平有象无人识，南陌东阡捣麦香。”历代帝王皆以铜、玉、瓷等材质御制“太平有象”器型，或陈列于厅堂之中，或置放于案台之上，以此祈求“四海升平、吉祥平安”。太和殿内的太平有象【图 4-23】是由铜胎珐琅嵌料石所制成，精美绝伦。

4. 甪端

“甪端”是一种传说中的神兽，与麒麟相似，

图 4-23 太平有象

图 4-24 珐琅甪端

头上一角。《宋书·符瑞志下》记载："甪端日行万八千里，又晓四夷之语，明君圣主在位，明达方外幽远之事，则奉书而至。"也就是说，它能够日行一万八千里，通晓四方语言。太和殿宝座两侧陈设的是一对做工精美的铜胎珐琅甪端【图 4-24】，用甪端护卫在侧，显示皇帝为圣明公正，身在宝座而广知天下大事，从而使得八方归顺，四海来朝。

第六节　龙的世界

在宫殿的装饰陈设包含的主体形象中，需要特别提出来介绍的就是帝王的化身——龙。龙是中国古代传说中最神通广大的动物。它善于变化，能隐能显，春时登天，秋时潜渊，能兴云致雨，利于万物，是众鳞虫之长，也是四灵（龙、凤、麒麟、龟）之首。早在新石器时代它便是华夏先民的图腾。大约从汉代开始，龙成为帝王的象征。帝王借龙神化自己，自命为“真龙天子”，因此，龙是宫殿建筑中最具主宰地位的图案。

紫禁城是皇帝的居所，装饰最多、气势最盛的图案是龙纹。因此，将紫禁城被称为“龙的世界”一点都不夸张，它确实到处都闪耀着龙纹的光辉。不管是崇高庄严的紫禁城殿堂上，还是在皇家大内的各处生活环境中，自服饰、家具、钟表、文房用具、杯盘器皿乃至仪仗兵年，甚至是皇家大量收藏的历代文物上，到处都舞动着各式的龙纹。宫殿里的龙纹有很多和九、五数字关联，寓意“九五之尊”。比如太和殿上皇帝宝座的椅背上缠绕的是九条金龙，每条龙的形象为五个金爪；乾清宫“正大光明”匾额下描绘着五条金龙；宁寿门外九龙壁上则将九条飞龙分布于五个空间等。

中国古代还有“龙生九子”的传说。《天禄识余·龙种》：“俗传龙子九种，各有所好，一曰赑屃，形似龟，好负重，今石碑下龟趺是也；二曰螭吻，形似兽，性好望，今屋上兽头是也；三曰蒲牢，形似龙而小，性好叫吼，今钟上级星也；四曰狴犴，似虎有威力，故立于狱门；五曰饕餮，好饮食，故立于鼎盖；六曰蚣蝮，性好水，故立于桥柱；七曰睚眦，性好杀，故立于刀环；八曰金猊，形似狮，似好烟火，故立于香炉；九曰椒图，形似螺蚌，性好闭，故立于门铺。”龙生的这九个孩子，禀性各异，嗜好不同，我们也能分别在紫禁城的大门、屋脊、栏杆、香炉、编钟等上面找到它们可爱的身影。

所有这些龙的形象并非单一不变的，而是千姿百态的。在梁枋彩画上，有行龙、升龙、降龙；在井字天花上，有团龙、蟠龙；九龙壁上的九条龙更是各显神态，腾翔云间。据不完全统计，仅太和殿内外各种形式的龙约有 13 844 条，这些神态生动、造型各异的龙，流光溢彩，制造出万龙朝圣的隆重气氛，代表了皇权的至高无上。

第五章　天人合一

中华民族上尊天文，下崇地理，中重人和。这种天人合一的思想是中华先民对世界的重要贡献。中华宫殿文化对世界文化的一个突出贡献就是修筑的思想，对每一个宫殿的修筑，不是被孤立地看作一个建筑体，而是被当作一个综合性的文化体，是与整个中华文化相系的有机元素之一，是与大自然融洽的一个联结点。这种宫殿“天人合一”思想是极其宝贵的。

第一节　上极碧落

中华先民长期追求“究天人之际”的境界，我们称之为“上极碧落”。儒家的亚圣孟子强调天命，他提出“乐天者保天下，畏天者保其国”。(《孟子・梁惠王下》) 传统建筑的布局、设施、名称都可以从天人关系上加以解读,宫殿亦如此。

一　通天观念

先民称帝王为天子，即上天之子。西周大盂鼎铭文：“不（丕）显玟王，受天有（佑）大令（命）。”宫殿建筑要体现天人思想，特别要与上天感应。长江流域的楚国曾在修筑有章华台，在高大的台阁上可以放眼云梦泽，并可以感受到与天的感应。汉武帝时，建章宫内有神明台，台高五十丈,用于“通天”。台上有九室,象征九天。台上有铜仙人,仙人手托巨型铜盘,盘内有玉杯,用以接玉露。这种“玉露”专供皇帝享用，以便长生不老，得道成仙。汉代的甘泉宫也建有通天台，台高三十丈，作为祭天之用。皇帝经常选择吉日前往祭天，期待上苍保佑。汉代的敬天仪式很复杂，常常由数百童男童女拥护，以招引仙人。

为了表示对天的崇敬，历代王朝经常举行祭天活动，因而修筑了祭天的场所。后周郭威时，在东京（开封）的南郊修筑圆丘（相当于后世的天坛），还建了社稷坛、太庙。在古代，从君主到庶民，都认为苍天是有感觉的，人对天帝的礼仪是必需的。在先民看来，天可以福佑黎民百姓，也可以惩罚不肖之徒。这样的天人思想，对于传统社会的治理，或许有其合理性。宋代学者张载提出"为天地立心"，正是哲人发自良知的呼吁，直到今天仍有时代意义。

中国古代的大屋檐宫殿，四周的角都是上翘的，之所以上翘是表示要与天呼应，要拥抱天，接天气，受天的感应。同时，上翘充满上升的活力，有动态美。上翘的屋角，对人的视觉没有冲击，与人是和谐的。尊重天意，就是尊重自然，就是对环境的关注，这就把人与自然摆在了一个和谐相处的地位。

二　天坛

天人关系方面，最值得一提的是位于北京的皇家建筑天坛、地坛、日坛、月坛。这四坛与紫禁城是一个整体。

图 5-1 天坛

天坛【图 5-1】在北京内城的正南方，地坛在正北方，日坛在正东方，月坛在正西方。确定这些建筑位置的依据是《周易》："天地定位，山泽通气，雷风相薄，水火不相射，八卦相错。"按照先天八卦方位，乾南、坤北、离东、坎西。先民将天坛、地坛、日坛、月坛与先天八卦方位对应起来。

在诸坛之中，天坛最能反映天人思想。天坛占地 270 余万平方米，比北京故宫大 4 倍。二重垣墙，形成内外坛，坛墙南方北圆，象征天圆地方。先民认为天是圆形的，大地是方形的，天看起来像一口大锅一样扣在大地之上，这就是古人"天圆地方"说的由来。帝王为了更好地与天地感应，获取天地之神的佑护，于是就将天坛建成圆形，将地坛建成方形。

天坛建筑的主要设计思想就是要突出天空的辽阔高远，以表现"天"的至高无上。在布局方面，内坛位于外坛的南北中轴线以东，而圜丘坛和祈年殿又位于内坛中轴线的东面，这些都是为了增加西侧的空旷程度，使人们从西边的正门进入天坛后，就能获得开阔的视野，以感受到上天的伟大和自身的渺小。就单体建筑来说，祈年殿和皇穹宇都使用了圆形攒尖顶，它们外部的台基和屋檐层层收缩上举，也体现出一种与天接近的感觉。

天坛内主要建筑圜丘周围围墙有 4 个门，东门曰泰元门，南门曰昭亨门，西门曰广利门，北门曰成贞门，这 4 个门名称的第二个字组成"元亨利贞"四个字。元亨利贞是《周易》中乾卦之四德，《周易·文言》曰："元者，善之长也；亨者，嘉之会也；利者，义之和也；贞者，事之干也。君子体仁足以长人，嘉会足以合礼，利物足以和义，贞固足以干事。君子行此四德者，故曰：乾，元亨利贞。"

天坛重视数字。天坛的南北轴线是一道长 360 米的台基。台基南端高 1 米，由南向北逐渐升高到 3 米，代表步步升天。在阳数中，数字 9

是“阳数之极”，表示天体的至高至大，叫作“天数”。古人认为九是阳数之极，表示至高至大，皇帝是天子，也至高至大，所以整个圜丘坛都采用九的倍数来表示天子的权威。圜丘坛的栏板望柱和台阶数等，处处是9或者9的倍数。顶层圆形石板的外层是扇面形石块，共有9层。最内一层有9块石块，而每往外一层就递增9块，中下层亦是如此。三层栏板的数量分别是上层栏板72块，中层108块，下层180块，合360周天度数。三层坛面的直径总和为45丈（约150米），除了是9的倍数，还暗含“九五之尊”的寓意。

圜丘坛以北是皇穹宇，祭天时使用的祭祀神牌都存放在这里。它是鎏金宝顶单檐攒尖顶建筑，用蓝色琉璃瓦铺设屋顶，象征青天。大殿由八根金柱和八根檐柱共同支撑起巨大的殿顶，三层天花藻井层层收进，构造精巧。正殿东西各有配殿，分别供奉日月星辰和云雨雷电等诸神牌位。

在皇穹宇殿前到大门中间的石板路上，由北向南的三块石板叫作三音石。在皇穹宇门窗关闭而且附近没有障碍物的情况下，站立于第一块石板上击掌，可听到回音一声；于第二块石板上击掌，可听到回音两声；于第三块石板上击掌，可听到回音三声。皇穹宇的围墙极其光滑整齐，对声波的反射是十分规则的。只要两个人分别站在东、西配殿后，贴墙而立，一个人靠墙向北说话，声波就会沿着墙壁连续反射前进，传到一二百米的另一端，给人造成一种“天人感应”的神秘气氛。所以称之为“回音壁”。

天坛的主体建筑是祈年殿【图 5-2】，始建于明永乐十八年（1420）。每年皇帝都在这里举行祭天仪式，祈祷风调雨顺、五谷丰登。祈年殿呈圆形，是一座有鎏金宝顶的三重檐的圆形大殿，殿檐颜色深蓝，是用蓝色琉璃瓦铺砌的，因为天是蓝色的，以此来象征天。

祈年殿的底座为三层，祈年殿顶又为三层，祈年殿从基座到顶部共九层，寓意九重天，祈年殿内地面为圆形，其中心为一圆形石头，称为中

图 5-2 祈年殿

心石，其周围第一圈按八卦方位由 8 块石头组成，第二圈 16 块，按规律排列，共 9 圈。

祈年殿用 28 根楠木大柱和 36 块互相衔接的榜桷，支撑着三层连体的殿檐。中央四柱叫通天柱，也称“龙井柱”，代表四季；中层十二根金柱，代表十二个月；外层十二根檐柱，代表十二时辰；中外层相加二十四根代表二十四节气；三层相加二十八根，代表二十八星宿；加柱顶八根童柱，代表三十六天罡；宝顶下雷公柱，代表皇帝一统天下。祈年殿长廊南面的广场上有七星石，是嘉靖年间放置的镇石。

当游人跨出祈年殿的大门，往南望去，只见那条笔直的甬道，往南伸去，一路上门廊重重，越远越小，极目无尽，有一种从天上下来的感觉。

天坛的价值，不在于石材砖瓦，不在它的占地面积，而在于它深刻的文化内涵，在于它对天的敬畏，对大自然的尊重，在于厚重的历史。它是古代文明的活化石，是中华先民“天人”思想的结晶。

第二节　下尊九幽

中华先民倡导“地我不二”，即人地之间的和谐与一致。这种思想我们称之为“下尊九幽”。作为农耕文明的古国，人们世代附着于土地上生活，土地是人们的命根子，因此，土地情结与崇拜是中华先民一直延续的思想，并体现在文化的方方面面。在宫殿文化中，先民特别重视宫殿与地理环境的关系，重视陵园宫殿的建筑。

一　谐地理念

古人认为皇帝是大地的主宰，“溥天之下，莫非王土”。宫殿建筑要与大地默契，亦可称为“对话”。这种人与地和谐的思想，我们称为“谐地理念”。汉武帝时，在建章宫前殿的西北建有太液池，占地约十顷，象征北海。太液池中有假山，寓意是蓬莱仙山，以资皇帝长寿延年。汉代在长安城外的甘泉山建筑了甘泉宫，宫内有芝房。

民间说当地有灵芝草，服之可延年。由于甘泉宫远离城区，夏季格外凉爽，皇帝经常到此避暑。

在《周易》中坤卦属地，坤卦的内涵是“厚德载物”，在这个卦的卦辞里有丰富的崇地思想。因此，中华先民习惯于把坤卦作为大地思想之根。五代时，梁王朱晃把梁王府改建为皇宫，称为建昌宫。宫墙东面有二个门，南为宽仁门，北为厚载门。厚载门取名于《周易》的坤卦“厚德载物”。

中华先民对大地的重视，常用一个特定的术语“气场”。明末清初思想家黄宗羲在《宋元学案 · 濂溪学案》中说：“通天地，亘古今，无非一气而已。气本一也，而有往来、阖辟、升降之殊。”当大地能够“聚气”，并形成“和气”，就是宫殿选址的好地方。

古代的都城选址都讲究环境。宋代开封之所以能建筑宫殿群，与当时的生态环境有关。开封的城西有梁囿、温囿，湖水连天，水陆通会，沼泽地极大。这些湿地与湖泊，与明清时期的江南一样秀美。可惜，由于黄河生态环境的恶化，现在的开封已经远远不及北宋时的开封了。

明代中央由工部掌天下山泽之政令。工部所属的部门分管城郭、宫殿、陵寝的营建。明初的南京城宫殿由刘基主持规划，因地制宜，依山就势。《明实录》卷二十一记载：“初，建康旧城西北控大江……因元南台为宫稍庳隘。上乃命刘基等卜地定，作新宫于钟山之阳，在旧城东北下门之外二里许，故增筑新城、东北尽钟山之址，延亘周回凡五十里，规制雄壮，尽据山川胜焉。”

明清统治者在北京修建了地坛【图 5-3】。先民认为天尊地卑，因此，北京的地坛比天坛规模要小。天坛的占地面积约 273 万平方米，地坛占地面积仅 37 万平方米，天坛比地坛大 8 倍，也就是说天坛面积大，地坛面积小，《周易·泰卦》卦辞：“小往大来，吉，亨，”否卦卦辞，“大往小来。”周易认为，泰卦上卦为坤，下卦为乾，否卦上卦为乾，下卦为坤。乾为阳为天为大，坤

图 5-3 地坛

为阴为地为小。所以天坛的面积比地坛大。

地坛内祭坛拜台为二层方形建筑，其坛面石头为方形，拜台周围的泽渠的形状亦为方形，拜台周围的两层围墙亦为方形。可见方形是地坛建筑形状的突出特点。地坛为地为阴，地坛建筑的数为偶数阴数。

地坛虽然比天坛要小，但文化意义仍然重要。有天不能无地，人是附着于土地而生存的，作为农耕文明为主体的中华民族，历来重视对土地的崇拜。古代君主定期到地坛祭祀，体现了对自然的尊重。

清代统治者对宫殿的情结，有一个转换的过程。起初，他们住在关外，辽阔的原野，自由奔驰，可以放荡不羁。当他们进关，关进紫禁城大院，颇不习惯，如同身囚牢笼。顺治七年（1605）七月，摄政王谕："京城建都年久，地污水咸。春秋冬三季，犹可居止，至于夏月，溽暑难堪。"①于是，清代帝王修建颐和园、承德避暑山庄，增加自己的活动空间，这些园林式的行宫就是他们非常喜欢的自然，乾隆皇帝写过不少诗词，表达对自然景观的喜爱。

二　秦始皇陵地宫

秦始皇陵的地宫是中国古代最大的阴宅。所谓阴宅，就是埋死人的地方。中国古代君主，不仅重视生前的威仪与享受，而且还要把这些威仪

①于德源：《北京历史灾荒灾害纪年》，北京：学苑出版社，2004年，第90页。

与享受带到死后，梦想死后也像活着一样。这种思想是很自私的，也是很愚昧的。然而，君主们耗费国库而兴修的地下宫殿却是有文化内涵的。

关于秦地宫，最早的历史文献记载，它反映了当时的阴间观念与建筑知识。地宫的底部与四周用大理石砌牢，以防渗水。地宫的地面用铜板铺设，绘百川、五岳、九州岛地形。地宫的顶部用夜明珠与宝石镶嵌成日月星辰。地宫内用鱼膏油为长明灯，日夜不息。这样的地宫，如同人间世界，让秦始皇在阴间也得到阳间的奢华享受。

第三节　华夏至圣

中华传统文化的主干是儒家文化，从汉武帝“独尊儒术”到清末废除科举，儒家文化一直是官方倡导、民众遵守的文化。因此，先民以孔子为华夏至圣，许多城市有文庙，作为儒学圣地。文庙亦是宫殿建筑，代表了社会的一种导向，要求人们尊重文化，崇尚儒学，读书成才。

文庙一般有大成殿，是供奉孔子的殿堂。大成，喻意在于“孔子集大成”。山东曲阜孔庙大成殿【图 5-4】，是我国祀孔庙堂中建造年代最早，规模最大的一座，又称至圣庙，与泰山岱庙天贶殿、北京故宫太和殿并称中国古代三大殿。

南京秦淮河畔的夫子庙是明清时期的学宫，是江南地区现存最大的孔庙建筑群。正门是牌坊式建筑，三门四柱，上书“棂星门”三字。门内有大成殿，殿内供奉“大成至圣先师孔子之位”

图 5-4 孔庙大成殿

牌位，左右配享儒学四亚圣（颜回、曾参、孟轲、孔伋）。殿高 18 米，重檐翘角围廊，屋顶龙吻脊有“双龙戏珠”的雕塑。大成殿后有崇圣殿，供奉儒学的其他先贤。殿后为冶山，山上有敬一亭，亭东有飞云阁。从阁上可俯视文庙全景，亦可远眺钟山。朝天宫的南墙上嵌有“万仞宫墙”四个字，以意念的方式提升宫墙的高度。

除了文庙和夫子庙，中国古代其他宫殿的名称也往往体现儒家文化色彩。明代在全国设有许多藩王，在开封有周王，周王在宋金宫殿的遗址上建筑了紫禁城。为了宣传教化，紫禁城的东门称为礼仁门，西门称为尊义门，北门称为承智门，南门称为端礼门，城内有存信殿。儒家的仁义礼智信体现在建筑之中，由此扎根到民众与官员的心中。因为儒学是官方倡导的学术文化，必然在各种宫殿中或多或少有所体现儒学文化。

儒家的庙堂，不仅是物化的建筑，更是人们心中的圣殿，体现了崇高的寄托，也是对“礼制”的规范。中国的许多文化，特别是宫殿文化，都可以集中于“礼”制上。礼是中华文化世代相沿的主要形态，它具有传统文化的原初性和普遍意义，兼有生活方式、伦理风范、社会制度的一体化内容，成为绵延数千年的传统文化模式。

第四节　大道无穷

先秦时有道家学派，汉代以后有道教文化，与道家、道教相关的宫殿特别多。

唐代统治者崇尚道教，唐玄宗和唐武宗都是道士皇帝，皇子公主、官僚贵族纷纷信奉道教，全国有近两千所宫观。

宋代，开封修建了许多道教宫殿，如太一宫、景灵宫、九成宫、玉清昭应宫。太宗太平兴国六年（981），有方士称五福太一在吴越分野，赐福民众，宜在苏州建太一宫。太宗认为吴越地远，不如就在京城附近修太一宫，于是，先在东京城东南苏村建宫，名之曰东太一宫。此宫并非是一座建筑，而是一个建筑群，有十座大殿，廊上绘有二十八宿、灵官等。此后，宋朝又在东京城其他几个方位也修了太一宫，形成东西北中四处太一宫，由道人主持。太一宫的兴建，是作为国家工程实施的，体现了皇家思想。这几处太一宫都有故事。如在中太一宫前有九成宫，宋徽宗时铸九鼎，九鼎安放在九成宫，故名。九鼎象征着王权，分别配以九色，释以五行，以垣护之。如中央一鼎名帝鼎，其色黄。其他的鼎分别配以白、碧、紫、赤等色。

明代在武当山修筑了许多道教宫殿。大约在唐贞观年间，道教就进入了武当山，修建了五龙祠。明朝朱棣以燕王身份登上帝位，道教为朱棣大造神秘舆论，于是，朱棣崇道，下旨兴建武当山道教圣地。役使三十多万军工民匠，用十年时间建筑了上山的神道以及玉虚宫、紫霄宫【图 5-5】、南岩宫、太和宫、净乐宫、遇真宫、五龙宫、朝天宫、清微宫等九宫、三十六庵堂、七十二岩庙。其中，玉虚宫在武当山主峰西北，原为五进三路院落，有大殿、启圣殿、元君殿等，计有 1200 余间。楼台之间有玉带河穿流，形制规严。然而，这样一个耗资巨大的宫殿却在清代乾隆十年（1745）被毁，现仅存碑亭、八字红墙等。净乐宫原有道房 500 余间，三进五门。1958 年因兴建丹江口水库而淹没。紫霄宫的气势很大，占地约十万平方米。它背倚展旗峰，面对照壁峰。中轴线上布置有禹迹桥、龙虎殿、御碑亭、十方堂、大殿、父母殿等。大殿建筑在三重层台上，重檐歇山式，殿内供奉玉皇大帝神像。金殿是一个奇

图 5-5 紫霄宫

迹，全部由铜铸成。殿高、宽各 5 米余，深 4 米余，殿内供奉真武祖师大帝的鎏金铜像。这样硕大的金属建筑物立在山巅之上，竟然没有遭到电击，且金光闪闪，崭新如初，可见先民的杰出智慧。真武大帝在山顶之巅，有君临天下的意蕴。

明成祖朱棣曾经下令，不要破坏武当山的自然景观，要爱护山上的一草一木。所以，道教建筑因地制宜，傍山而建，顺其自然，许多宫观都建在峭壁上，下面是悬空的千尺深涧。红墙黄瓦点缀在崇山峻岭之中，每一处建筑都有主有次，错落有致，曲径环绕，幽境不穷。

第五节　皇觉菩提

佛教产生于南亚，自从传入东土之后，在中华大地非常流行，并且出现了许多寺院宫殿。宋朝皇帝倡导佛教，全国寺院达 4 万所。清朝的寺院达 8 万所。

开封有相国寺。唐代延和元年（712），睿宗由相王登上皇位，认为佛教帮助了自己，所以把原来的建国寺改名为相国寺。相国寺有大雄宝殿、八角殿【图 5–6】，均属于佛教宫殿。殿面宽 7 间，

图 5–6 相国寺八角殿

有二进，殿内有 24 根大柱，藻井为盘龙图案。二进院落有北宋太湖石。八角殿又名罗汉殿，殿有八面，每面有隔扇门四扇，殿中供有观音像。在回廊有五百罗汉，个个精巧别致。

南京城的报恩寺是佛教的寺庙，却是由明成祖朱棣敕令工部在天禧寺旧址上重建的。传闻朱棣的生母为蒙古人，入宫为妃，未足月而生朱棣，受到怀疑，酷刑致死。朱棣怀念生母，特建报恩寺。由此可见，许多寺庙都是有故事的，其兴修的过程皆有缘由。报恩寺有金刚殿、天王殿、大雄宝殿、琉璃塔【图 5-7】等宏伟的建筑。清代，朝廷每年由礼部派官员前来祭祀。寺内的藏经殿藏有佛教经典《大藏经》。

西藏的布达拉宫【图 5-8】，意为“观音持航，普救众生”，始建于 7 世纪。9 世纪吐蕃王朝分裂被毁。1645 年，五世达赖开始重建。共 13 层，高 110 米，东西长 400 米，南北宽 350 米，面积 13 万平方米，1000 间房。它依山建筑，气势雄伟威严，庄穆的气势，与汉地中原的宫殿不同，它建在山顶，形成“屋包山”。汉人认为这种格局容易受寒，无屏，前面的山是环抱型，明堂大。布达拉宫的墙体厚约 3 米左右，最厚处 5 米，冬暖夏凉。

成都附近的新都县的宝光寺，寺内有大雄宝殿与罗汉堂，五百罗汉造型精巧，深得民众喜欢。

图 5-7 报恩寺琉璃塔

图 5-8 布达拉宫

武汉归元寺的主体建筑是大雄宝殿【图 5-9】。该殿初建于清顺治十八年（1661），后经多次维修。现大雄宝殿是清光绪三十四年（1908）重修。大殿正中供奉着释迦牟尼坐像，两侧为其弟子阿难和迦叶像。释迦偏袒左肩，结跏趺坐，庄严静穆。佛像后背是用樟木雕刻而成的“五龙捧圣”的图案。佛像前还有韦驮、弥勒、地藏像。大雄宝殿前的韦驮殿内，供奉着一尊木雕韦驮像，身着铠甲，手持宝杵，威武挺立，用我国古代武将形象表达了古印度神话中“四大天王三十二将”之首的护法神形象。

佛教，说到底是一门心学。心性的学问，对

图 5-9 归元寺大雄宝殿

于儒学、道教之学来说，略显薄弱。但是佛教填充了中国固有思想文化中心性的内容，并体现在宫殿中或宫殿的陈设中与礼仪中，值得我们好好玩味与发掘！

第六章　四海珍奇

在华夏五千年的历史长河中，涌现过无数的少数民族政权，对中国历史进程产生过重大的影响。可以说，绚丽多姿的华夏文化正是大量少数民族的灿烂文明与中原文明交汇的结果，各民族文化在华夏历史长河中也都留下了各自鲜明的印记。而各少数民族政权所建筑的宫殿，无疑是其中最特别、最耀眼，也是最直观的特殊印记。

第一节　北国特色

在内蒙古锡林浩特市南面广阔的正蓝旗草原上，躺着世界草原游牧民族城市中最为璀璨的一颗明珠——元上都【图 6-1】。它是世界草原游牧民族建立的为数不多的几座都城之一，其遗址也是中国游牧民族遗存保存最为完好的一处，充分展现了亚洲大陆上游牧文明的蒙族和农耕文明的汉族在都城设计上交互融合的所有特征。有史学家认为它可与意大利的庞贝古城相媲美，而称誉它为“东方的庞贝城”。2002 年夏，联合国世界遗产官员考察元上都后评论道：“元朝历史和元上都的文化遗产是世界文化遗产的重要部分，如果没有了蒙古史和元上都，那亚洲乃至欧洲的历史，则是不完整的历史。”

大蒙古帝国蒙哥汗六年（1256），以皇弟之亲受任总领漠南汉地军国庶事的忽必烈，命宰相

图 6-1 元上都遗址

刘秉忠择南屏山（蒙古语称 horhu agula）南麓、滦河（蒙古语称 shandu gol）一带选址建城，初名开平府，历时三年城郭建成。元中统元年（1260）三月，忽必烈在此登上大蒙古帝国皇帝之位，改国号为元，并将开平府作为首都。中统四年（1264）五月，忽必烈改燕京为中都，诏开平府升为上都。至元四年（1267），其又于中都东北兴建大都，并于至元二十二年（1285）迁入大都。自此，元上都与大都共同构成了元朝的两大首都，两都巡幸制度也由此确立：以上都为夏都，每年 4 月，元朝皇帝来上都，9 月秋凉返回大都。期间，政府诸司都分司相从，以处理重要政务。在上都，皇帝要举行传统的狩猎、蒙古诸王贵族的朝会和祭祀等重要活动。

1956 年和 1973 年，内蒙古自治区文物工作队、内蒙古大学先后对元上都遗址进行了考古调查。1988 年确定遗址为全国重点文物保护单位。根据内蒙古文物考古研究所试掘与内蒙古测绘局测绘的结果和相关文献记载，我们大致能复原出元上都的恢宏布局。元上都鼎盛时曾拥有 11 万人口，内有官署约 60 所，各种寺庙堂观 160 余处，驿道四通八达，为漠北与中原的交通枢纽。全城由宫城、皇城、外城三重城垣组成。宫城位于上都正中偏北处，平面呈南北走向的长方形，东西墙长 605 米，南北墙长 542 米。城墙用砖包砌，四角有楼，开有东华、西华、御天三门，为全城的核心。其中南部的御天门为正门，皇帝所下达的诏旨，都要在此发布，并通过皇城南门明德门转发全国各行省。宫城内泉池穿涌，颇具园林特色。城内建有主要宫殿楼阁和官署、宫学。其中颇负盛名的有水晶、大玥、鸿禧等殿，大安、延春等阁，华严、乾元等寺庙。考古发现宫城内不对称地分布着 30 余处院落遗址和大型建筑基址，对应着这些著名建筑。皇城在全城的东南部，平面近方形，环卫宫城四周，城墙用石块包镶。城垣四墙长度大致相当，在 1400 米左右。城内有“四横三纵”共七条主要街道，道路整齐，井然有序。皇城内目前保留下来的建筑遗迹分布疏散。东北角和西北角分别为大龙光华严寺和大乾元寺两座佛教寺院，东南部有孔庙，东南隅有道观。此外，翰林院等官署、寺庙、国学和部分大型建筑也分布在皇城内。皇城外为外城，外城平面呈正方形，东墙稍长，为2225米，其余三面城墙皆长2220米。外城墙由夯土筑成。外城北部是皇家苑囿和金顶大帐“棕毛殿”的建筑所在，元代诗人称为北苑、御苑；东、南、西三处关厢地带，为市肆、民居、仓廪所在。尤其南部街道纵横交错，考古发现街道两侧是整齐的院落遗址，有的可以看出是房屋临街、院落在后的建制，推测是手工业作坊区和商业区。每年春夏秋三季，上都城的城外比城内更繁华，流动人口往往达到数十万乃至上百万之多，分布在城外数十公里的范围内。上都城西有离宫西内，周围十里，建筑以行宫和营帐为主。这里还有一处方圆25公里的大御花园，内建有竹经楼台和大理石宫殿，种植有奇花异卉，并放养了麋鹿等动物，以供帝王游猎。北郊也有很多寺庙、宫观等建筑。元至正十八年（1358）农民起义之红巾军攻克上都，焚毁宫阙，自是未得恢复。明洪武二年（1369），朱元璋复改上都名“开平府”，不久废府改卫，宣德五年（1430）废弃不用。迄今元上都城垣及建筑台基依然残留地表，蒙古语称此城为“兆奈曼苏默”（意为108座庙），就是依据城址中建筑众多而讹传的。

如果说元上都展现了大元帝国百年的辉煌，那么大安阁【图6–2】则是这煌煌上都中最耀眼的明星。大安阁是上都宫城中的主体宫殿，位于宫城的中部，相当于大都宫城的大明殿。元朝皇帝在这里登基、临朝、议政、修佛事、接见外国使者，举行重大典礼。闻名世界的意大利旅行家马可·波罗也在这里觐见过忽必烈。由此，才产生了著名的《马可·波罗游记》，并在世界广为

图6–2 大安阁复原模型

流传。成宗铁穆耳、武宗海山、文宗图帖睦尔、天顺帝阿速吉八、惠宗妥懽帖睦尔，都是在大安阁举行的即位典礼。

大安阁的雄姿，元代诗人多有赞誉，如周伯琦赞之“大安御阁势岧亭，华阙中天壮上京”，许有壬更誉之堪比天上宫阙，言“大安阁是广寒宫，尺五青天八面风”等。其金碧辉煌也曾令马可·波罗惊叹不已。《马可·波罗游记》中说：“和烈汗在都城用大理石和（其他）石头建造了一座宏大的宫殿，大厅和层间涂上了黄金，然后用各种各样的鸟兽和花卉图案加以装饰，精美绝伦，巧夺天工，让人叹为观止。”

关于大安阁的建设过程，可谓一趣谈。元代周伯琦《近光集》卷一曰：“大安阁，故宋汴熙春阁也，迁建上京。”也就是指出大安阁为拆迁自金国南京（汴梁）内的北宋熙春阁，用其旧料异地仿建。元代要员汉族大文豪虞集（曾用蒙语给太子公主讲解四书五经）《跋大安阁图》中也称“世祖皇帝在藩，以开平为分地即为城郭宫室。取故宋熙春阁材于汴，稍损盖之，以为此阁，名曰大安。既登大宝，以开平为上都，宫城之内不作正衙，此阁岿然遂为正殿矣。规制尊稳秀杰，后世诚无以加也”。陈高华、史卫民教授所著《元上都》中有更详尽的描述：“忽必烈为了在上都营建宫殿，就于至元三年（1266）拆迁熙春阁，经由水道陆路将材料运往上都。拆下的木材以'万计'，在黄河运输时，'整桴而下'的军士就有300人，还动员许多民工'壅遏水势'。在汴京的熙春阁高二百二十尺，广四十六步有奇，从则如之"。有中阁，有耳房。中阁5间，每间24尺，左右耳房各2间，每间18尺。"阁位与平座叠层为四""实为阁传者三"，也就是中阁三房。全阁"飞翔突起，于青霄而矗上"，令观者有"瑰伟特绝之称"，"神营鬼沟，洞心骇目"之叹。就在拆迁熙春阁的同年十二月，大安阁便于上都开始营建，拆迁运输可谓神速。

然史书上关于大安阁之建筑过程，却与古老蒙古族建筑法则有些不同。蒙古族民间结婚，都要选"向阳的地方盖新蒙古包，挑肥美的草场放畜群"以举行婚礼。关于这个习俗习惯，13世纪出使蒙古地区的英国道森写道："当一个斡耳朵曾在一个地方安置时，在它搬走以后，只要那里有任何曾经烧过火的痕迹，就没有一个人敢经过它曾经安置过的地点，不管是骑马还是步行。"按照这一蒙古族古老建筑风俗，蒙古族汗王、贵族营造宫殿官邸，都是选用新址、新料，忌违选用旧址、旧料，是由于认为那样不吉祥。比如忽必烈筹建开平府时有人建议，就近扩建金朝恒州，省时省料省钱，被忽必烈拒绝。他看中了离恒州万米外的雄伟的龙岗山南麓，滦河北岸的风景优美的地址，于此营建了自己的府邸。至元四年（1267）营造举世闻名的大都时，也有人建议，因中都是投降献城，破坏尚不严重，可就地扩建金中都为都城，也被忽必烈所拒绝。之后其选中了中都东北一片平地，建筑了新的大都城。同样，忽必烈的后继之帝武宗海山，于大德十一年（1307）建筑的中都，也一样没有选用扩建近在咫尺的金朝的昌州（俗称九连城）之建议，而选定了风景优美的察罕脑儿之旁建筑了中都。以此原则来看，忽必烈异地搬迁汴京熙春阁为大安阁实为异常之举。加之十二月是蒙古高原冰天雪地的时节，大兴土木殊为不易。拆迁工程又是耗时费力，劳民伤财。用旧料再建原殿，得不偿失，远不如新料新址建新宫殿，更省时省料省钱。

第二节　东土风格

我们说过，在华夏五千年的历史长河之中，涌现过无数少数民族政权，对中国之历史进程产生过重大的影响。拥有七百多年历史的高句丽政权，正是其中不容忽视的一支，它在东北亚历史发展中曾发生过重要的作用。

“高句丽”，也作“高句骊”，简称“句丽”或“句骊”，现又称“高氏高丽”，存在于公元前37年至公元668年，是位于我国东北地区和朝鲜半岛的民族政权。它与百济、新罗合称朝鲜三国时代，主要由濊貊和扶夫人（包括沃沮和东濊）构成，后来又吸收了一些靺鞨人、古朝鲜遗民及三韩人。由于高句丽国土横跨今日的中国及朝鲜、韩国，至今他们各自都声称高句丽是自己本国的原始民族。

2004年7月，联合国教科文组织将高句丽王城、王陵及贵族墓葬列入《世界遗产名录》，主要包括了五女山城、国内城、丸都山城、十二座王陵、二十六座贵族墓葬、好太王碑和将军坟一号陪冢，分别位于辽宁省桓仁县和吉林省集安市。与宫殿建筑有关的便是这三座高句丽王城，城内均发现有大型的宫殿基址。

五女山城坐落在流经桓仁东北的浑江岸西约2000米处，海拔高程约800米。公元前37年，地处中国东北的扶余国王子朱蒙为避免兄弟迫害，南逃至“纥升骨城”，并以之为中心建立了高句丽王国。据考证，“纥升骨城”应为今辽宁省桓仁县城附近的下古城遗址，而五女山城则为其一座山城。五女山城继承了中国北方先民构筑山城的传统，在城址选择、城区布局、墙体砌筑方法以及石料加工等方面又有了很大的创新，形成了一种独特的山城建筑形式，在中国古代城建史上留下了光辉的一页。

近几年，考古工作者在这里发掘了多处高句丽遗迹。其中一号大型建筑基址长13.5米，宽5米，原有七块础石，现存六块础石和一个柱坑，为六开间建筑。其中还出土了高句丽早期竖耳陶罐等典型器物。从建筑规模和等级来看，该基址有王宫遗址的可能。据高句丽专家耿铁华教授分析，五女山山城地理位置险峻，交通不便，生活环境恶劣。从山顶空间、生活条件和建筑遗址等因素判断，山城内常驻几十人还能勉强维持，极限只能供百余人生活。高句丽王公贵族是很难把这里作为日常栖身之地的，只可能是在战乱时作为避难场所。

国内城位于吉林省集安市，地处鸭绿江中游右岸的通沟平原上，北靠禹山，南临鸭绿江，东有龙山，西为七星山。国内城城垣由石筑而成，在东亚地区平原城址中实属罕见。自西汉元始三年（3）琉璃明王从纥升骨城迁都至此，到北魏始光四年（427）长寿王将都城迁到平壤，国内城一直是高句丽政治、经济和文化的中心。长寿王迁都后，国内城作为别都，仍为高句丽“三京”之一。

通过考古发掘，专家们发现石城之下还有夯土城垣。但这一城垣年代为战国末至西汉初，应是汉代玄菟郡辖下的一座城邑。现有石质城垣才是高句丽定都于此后所建。国内城平面略呈方形，东南朝向。城垣周长 2741 米，内外两壁全部以长方形石或方形石条垒砌，呈阶梯形逐层内收，每隔一定距离构筑马面，四角设有角楼，防御完备。由于年代久远，几经维修，部分城墙已失去本来面貌。现存城垣宽 7—10 米，最高处 3—4 米。原有城门 6 处，南北各一处，东西各两处。1921 年重修了三座门：东为“辑文门”，西为“安武门”，南为“襟江门”。此后，其余三座门全被封堵。

国内城中高句丽时期的地面建筑早已不复存在，但通过考古调查和发掘，发现了埋藏于地下的大量高句丽遗存。其中，宫殿遗址大致位于今集安市政府、检察院附近；西南方有寺庙一类建筑遗址，曾出土过大量瓦砾、和陶片完整的鎏金铜佛；城东及城北出土有成排的础石、砖瓦等建筑遗迹、遗物，还出土过鎏金箭头、白玉耳杯、陶罐、陶壶、陶臼等珍贵文物，推测为贵族居住址或官署。为了保护这一处重要的历史遗迹，1964 年，吉林省人民政府确定国内城为吉林省文物保护单位；2001 年，城垣作为汉至魏晋时期古建筑，被国务院批准列入第五批全国重点文物保护单位名单，与丸都山城【图 6-3】合并称为“丸都山城与国内城”。国内城中部，现已被辟为高句丽遗址公园。

丸都山城位于集安市区北 2.5 千米的丸都山上。它是高句丽时期最为典型的山城之一，既是国内城的卫城，又曾两度作为王都使用。丸都山城始名“尉那岩城”。西汉元始三年（3）高句丽迁都国内城后，同时修筑尉那岩城。东汉建安三年（198），高句丽第十位王山上王扩建该城，修建了大型宫殿，并更名为“丸都山城”。东汉建安十四年（209），山上王移都于此。至此，丸都山城成为高句丽时期唯一一处以大型宫殿为核心

图 6-3 丸都山城城墙

规划布局的山城王都。

丸都山城凭借自然山势的走向构筑城垣，城墙高低起伏，城周长为 6947 米。东、西、北三面城垣所在山脊最高海拔 652 米，外临陡峭的绝壁，内为较为平缓的坡地，北高南低，平面呈不规则的四边形，形如“簸箕”。目前，山城东墙、西北部城墙保存较好，高处可达 4—5 米，由 20 余层修琢工整的方形石条构筑，结构严谨。城墙下宽上窄逐渐收敛，顶筑女墙。全城有城门七处：南侧谷口处有一处瓮门，南墙西部和西城墙上各有一处城门址，东、北面城墙上各发现 2 处城门址。城内尚存地面遗址四处，包括建筑基址一处，戍卒居住地一处，瞭望台二处和蓄水池一处，还发现墓葬 38 座。建筑基址上到处是瓦砾和成排的础石，位于东侧山坡下，南北长 95.5 米，东西宽 86.5 米，进深作三层阶地，带有四层长方形台基，台基西、南、北三面还有块石垒筑的保护坡，推测为宫殿遗址。

丸都山城环山为屏，山腹为宫，谷口为门，充分体现了中国传统的“风水”理念。山城防御坚固，城内环境优美且宽阔自如，使建筑、军事、生产、生活与自然环境浑然一体。它的营造思想体现了高句丽民族的聪明与睿智，使其成为中世纪都城建筑的杰出范例。1982 年，丸都山城被国务院公布为全国重点文物保护单位。

从朝鲜境内发掘的安鹤宫遗址可以进一步了解高句丽王朝都城和宫殿的建制。安鹤宫遗址位于朝鲜的首都平壤市之东北部的“大城山”山麓。安鹤宫是在公元 427 年，高句丽的“长寿王”把首都由“国内城”（现在的中国吉林省集安市）迁至平壤的时候所修筑的宏伟王宫。它是一座正方形土城，以“外殿”“内殿”及“寝殿”等三个部分为中心，形成“南宫”“中宫”“北宫”的布局。整个安鹤宫共由 5 组建筑群共 52 座大小建筑物组成。高句丽的统治者们一直居住在此宫殿约 160 年，直到公元 586 年，才迁移到“平壤城”（现平壤市中心区里的“普通江”及“大同江”环绕的地方）。从其主体构造情况，可以分析出当时的高句丽王室建筑是深受中原文化的影响，在建筑结构上分为太极殿和东西堂制，同时也是分为南北两个宫室。在朝鲜平壤附近发掘的如清岩里、元五里和山高里的几处古代大寺院遗址中，它们是以一种被称为“三殿一塔”的高句丽格局建造的，即东、西、北面各有一殿，南面是大门。这种布局应该也会为宫殿建筑所采用。从许多壁画上看，作为高句丽建筑特点的隅撑结构和木材上的彩色在当时也已经被使用。

第三节 南国意趣

回望历史名城的星空，如果说元上都是草原上璀璨的北极星，那么丽江古城【图 6-4】则是云贵高原上闪亮的南极星。1997 年 12 月 4 日，在意大利那不勒斯召开的联合国教科文组织世界遗产委员会第 21 次全体会议上，根据文化遗产遴选标准 C（II）（IV），丽江古城被列入《世界遗产名录》。

丽江古城又名大研镇，坐落在丽江坝中部，与同为第二批国家历史文化名城的四川阆中、山西平遥、安徽歙县并称为“保存最为完好的四大古城”，它与歙县还是中国历史文化名城中两个没有城墙的古城。丽江古城始建于公元 13 世纪后期的宋末元初。古城地处云贵高原，海拔 2400 余米，全城面积达 3.8 平方千米。古城纳西名叫“巩本知”，“巩本”为仓廪，“知”即集市，

图 6-4 丽江古城

可见这里自古就是远近闻名的集市和重镇。古城现有居民 6200 多户，25 000 余人。其中，纳西族占总人口绝大多数，有 30% 的居民仍在从事以铜银器制作、皮毛皮革、纺织、酿造业为主的传统手工业和商业活动。

正如大安殿可称之为元上都的明星，木府则可称为丽江古城文化之“大观园”。有句话说得好，“不到木府，等于不到丽江”。木府是丽江木氏土司衙门的俗称，是古城文化的象征，见证了丽江数百年的辉煌历史。纳西族最高统领木氏自元代开始世袭丽江土司，历经元、明、清三代22世470年，在西南诸土司中以“知诗书好礼守义”而著称于世。明末时木府达到鼎盛，占地一百多亩，建筑近百座，是800年大研古城的心脏所在。现今留存于木府的明清古建群，建筑之宏伟、宫殿之辉煌、雕刻之精致、构件之玲珑、绘画之璀璨都令中外游客赞叹不已。徐霞客就曾感于其建筑气象万千，叹之曰：“宫室之丽，拟于王室”。因此，后人又称之为丽江的“紫禁城”。

木府【图6-5】位于丽江古城西南隅，占地46亩。整个建筑群坐西朝东，东有玉龙雪山，西有虎山，北靠狮子山，东南方向有龟山、蛇山，

图6-5 木府议事厅

"枕狮山而升阳刚之气，环玉水而具太极之脉"，风水极佳。但中原风水理论以"坐北朝南"为最佳，何以木府却选择坐西向东呢？这是因太阳和木均为纳西东巴教中的崇拜物，日出于东，东方亦属木，纳西人"迎旭日而得木气"的观点，使之在建木府建筑之时均采取了坐西朝东的方向。纳西古城周围不筑城墙，据说也是因为木土司居于城中，筑城墙则围"木"成"困"，大为不吉。

木府建筑格局模仿北京紫禁城，规模宏大，中轴线全长有369米。忠义坊、仪门、广场为宫前设置，木府为主院，其内分前朝后廷，再往后为御花园和后山。木府内建筑形式多样，包括有石、木三大牌坊、木家院、皈依堂、玉皇阁、三清殿、光碧楼、经堂、家庙、万卷书楼、玉音楼等，气势宏伟。木牌坊上大书"天雨流芳"四字，为纳西语"读书去"的谐音，体现了纳西人的尊师重教。石牌坊"栋梁斗拱，通体皆石，坚致精工，无与敌者"，堪称中外石雕建筑中的精品。议事厅端庄肃穆、气势恢宏，是土司议政之殿。万卷楼内藏千卷东巴经、百卷大藏经、六公土司诗集、众多名士书画，皆是翰林珍奇，学苑瑰宝。护法殿又称后议事厅，是土司议家事之殿。光殿楼乃后花园门楼，史称"甲滇西"。玉音楼仿明皇宫金銮殿，是接圣旨之所和歌舞宴乐之地，底层复建的白沙壁画有佛教、道教、喇嘛教三像并存，反映出土司采用“兼容并蓄”的统治方针。三清殿是木氏土司推崇道家精神的产物，建在后山，攒尖飞檐，绚丽多姿。木家院是土司府生活区。家院背后，直抵狮子山缓坡，建有木土司家庙，是祭祖、祭天、祭大自然神“署”的宗教活动场所。木府也是纳西古王国名木古树、奇花异草汇聚的园林，它将天地山川的清新灵动与人工建筑的富丽典雅融为一体，展现出了古今中外无论皇家园林还是私家园林均所不见的独特风韵。

第四节　西部情怀

在青藏高原，雄踞着一座伟大的宫殿，它见证了盛唐以来汉藏两族千年以来的历史与友谊，它的名字从未经过刻意的宣传，却早就响彻世界的每一个角落。它就是青藏高原的骄傲，被称为“世界屋脊明珠”的布达拉宫。布达拉宫（the Potala Palace）俗称“第二普陀山”，屹立在拉萨市区西北的红山上，是一座规模宏大的13层宫堡式建筑群。全建筑叠砌蜿蜒至山顶，占地10万多平方米，高110米，海拔3750米以上，人们在数十里之外就可以远眺其雄姿。宫殿依山垒砌，层峦叠嶂，殿宇巍峨，雄伟壮丽，有横空出世，气贯苍穹之势。坚实敦厚的花岗石墙体，松茸平展的白玛草墙领，金碧辉煌的金顶，具有强烈装饰效果的巨大鎏金宝瓶、幢和经幡交相映辉，红、白、黄三种色彩的鲜明对比，分部合筑、层层套接的建筑型体等，都体现了藏族古建筑迷人的特色，可谓“高原圣殿”。布达拉宫在1961年被列入全国重点文物保护单位，1994年12月初被列入《世界遗产名录》。

布达拉宫始建于7世纪，时称红山宫，为吐蕃王朝松赞干布赞普的王宫。宫堡规模宏大，外有三道城墙，内有千座宫室。布达拉宫作为当时吐蕃王朝统一的政治中心，地位显赫一时。后来随着王朝的衰落，宫殿大部分毁于火灾与战乱。公元9世纪，吐蕃王朝解体，红山宫逐渐废弃。明末，在蒙古固始汉的武力支持下，五世达赖建立葛丹颇章王朝，于1645年重建布达拉宫。1648年以白宫为主体的建筑群基本建成，吐蕃政权中心重新移至布达拉宫。从此，布达拉宫成为历代达赖喇嘛的冬宫居所。1690年至1694年，第巴桑杰嘉错主持修建了以五世达赖喇嘛灵塔殿为主的红宫配套建筑群，布达拉宫的建筑格局基本定型。自此以后，宫殿经历代达赖喇嘛的扩建，才达到今日的规模。1989年，布达拉宫进行了全面的翻修。

布达拉宫整体建筑主要由东部的白宫、中部的红宫及西部白色的僧房组成。在红宫前还有一片白色的墙面为晒佛台，每当佛教节庆之日，这里便悬挂起大幅佛像。

白宫因外墙为白色而得名。它是达赖喇嘛生

活、起居的场所，共有七层。最顶层是达赖的寝宫“日光殿”，殿内有一部分屋顶敞开，阳光可以射入，晚上再用蓬布遮住，因此得名。日光殿分东西两部分。西日光殿（藏语称“尼悦索朗列吉”）是原殿，为十三世达赖的寝宫。东日光殿（藏语称“甘丹朗色”）是后来仿造的，十四世达赖曾居于此。殿内包括朝拜堂、经堂、习经室和卧室等，陈设奢华。白宫的第六层和第五层都是生活和办公用房。第四层有白宫最大的殿宇东大殿（藏语称“措钦厦”）。大殿长27.8米，宽25.8米，内设达赖宝座，上悬清同治帝御笔“振锡绥疆”匾。布达拉宫的重大活动如达赖坐床典礼、亲政典礼等都在此举行。白宫外部有“之”字形的上山步道。东侧的半山腰有一块宽阔的广场，藏语称“德央厦”，是达赖喇嘛观看戏剧和举行户外活动的场所。广场的南北两侧建有僧官学校等。白宫在红宫的下方与扎厦相连。扎厦位于红宫西侧，是为布达拉宫服务的喇嘛们的居所，最多时居住着僧众25 000多人。因其外墙也是白色，通常被看作是白宫的一部分。

红宫位于布达拉宫的中央位置，外墙为红色。宫殿采用了曼陀罗布局，围绕着历代达赖的灵塔殿建造了许多经堂、佛殿，从而与白宫连为一体。红宫中共有8座灵塔，塔内存放着各世达赖喇嘛法体。其中以五世达赖喇嘛灵塔为最大。其塔高 14.85 米，塔身用黄金包裹，并嵌满各种珠宝玉石，建造中耗费黄金 11 万两。其他几座灵塔虽不如五世达赖喇嘛灵塔高大，其外表的装饰同样使用大量黄金和珠宝，可谓价值连城。五世达赖喇嘛灵塔殿西部设有其享堂——寂圆满大殿（藏语称“措达努司西平措”）。它是布达拉宫最大的殿堂，面积 725 平方米，内壁满绘壁画。其中以五世达赖喇嘛觐见清顺治皇帝的壁画最著名。殿内达赖喇嘛宝座上方高悬有清乾隆皇帝御书“涌莲初地”匾。法王洞（藏语称“曲吉竹普”）等部分建筑是吐蕃时期遗存的布达拉宫最早的建筑物，内有极为珍贵的松赞干布、文成公主、尺尊公主和禄东赞等人的塑像。殊胜三界殿，是红宫最高的殿堂。现供有清乾隆皇帝画像及十三世达赖喇嘛花费万余两白银所铸的十一面观音像一尊。十三世达赖喇嘛灵塔殿，是布达拉宫最晚的建筑，1933 年动工，历时 3 年建成。此外宫内还有上师殿、菩提道次第殿、响铜殿、世袭殿等殿堂。

布达拉宫的设计和建造充分考虑了高原地区阳光照射的规律，颇具特色。宫殿外墙厚达 2—5 米，墙身全部用花岗岩砌筑，高达数十米，并每隔一段距离，在墙体中间灌注铁汁，进行加固，大大提高了墙体抗震能力。宫墙墙基宽而坚固，墙基下面还设有四通八达的地道和通风口，基础则直接埋入岩层。宫殿建筑整体为石木结构，屋顶和窗檐用木制结构，飞檐外挑，屋角翘起，屋顶采用歇山式和攒尖式，屋内撑架由柱、梁、枋、雀替、斗拱、椽等木构件组成，柱身和梁枋上施以鲜艳的彩画和华丽的雕饰，这些都具有典型的汉族建筑风格。屋顶铜瓦鎏金，用鎏金经幢、宝瓶、摩竭鱼和金翅鸟做脊饰；屋檐下的墙面装饰都为佛教法器式八宝形象的鎏金铜饰，又具有浓重的藏传佛教色彩。铺地和盖屋顶用的是叫"阿尔嘎"的硬土。各大厅和寝室的顶部都有天窗，便于采光和调解空气。宫殿内部廊道交错，殿堂杂陈，空间曲折莫测，置身其中，就像步入了神秘世界。

布达拉宫还是一座巨大的博物馆，宫殿内部绘有大量的壁画【图 6-6】，面积有 2500 多平方米，构成了一座巨大的绘画艺术长廊。壁画的题材有西藏佛教发展的历史、五世达喇嘛生平、文成公主进藏的过程、西藏古代建筑形象和大量佛像、金刚像，是一部珍贵的历史画传。布达拉宫中各座殿堂中还保存有大量珍贵文物和佛教艺术品，包括西藏特有的上万幅彩绘唐卡、上万座塑像、近千座佛塔、珍贵经文典籍等。落拉康殿中有大型铜制坛城，坛城是佛教教义中世界构造的立体模型，也是佛居住、说法的讲坛，造型别致、装饰华丽。萨松郎杰殿中供奉有用藏、汉、满、蒙四种文字书写的康熙皇帝长命牌位和乾隆

皇帝画轴，表明了历代达赖同中央政府的隶属关系。在达赖居住的宫殿中还有大量豪华陈设、服饰等珍贵文物。

图 6-6 布达拉宫壁画——五世达赖喇嘛觐见顺治帝图

第七章　拾撷漫谈

宏伟壮观的宫殿是谁负责设计，又是谁建造的？追溯时光的长河，去寻访下那些宫殿的设计建造者，漫谈下那些耳熟能详的宫殿名称之由来，并信手拾撷那些歌颂宫阙的千古名篇。

第一节 能工巧匠

一 蒯鲁班

紫禁城，是中国明清两代 24 位皇帝的皇宫。依照中国古代的星象学说，以北极星为中心的区域是天帝居住之处，为紫微垣。根据天人对应，皇帝的宫殿被称为紫禁城。那么这片宏伟的建筑群，到底是由谁来负责设计的呢？目前流传最广的说法认为，故宫的设计者是明代一位杰出的建筑匠师，他姓蒯名祥。他出生于洪武三十一年（1398），成化十七年（1481）逝世，是苏州吴县（今江苏省吴县）香山人。吴县香山人或其门徒在当时进京的工匠中被称为“香山帮”。他们往往都擅长木工，其中也有许多出色的泥水匠、漆匠、石匠、堆灰匠、雕塑匠、彩绘匠。蒯祥的父亲蒯富，正因为有着高超的技艺而被明王朝选入京师，还当上了总管建筑皇宫的“木工首”，也就是施工队长。明代永乐十五年（1417），明成祖朱棣迁都北京，在北京建造规模恢宏的紫禁城。蒯祥随父应征，参加了皇宫的建筑工程。他由于勤劳肯干、技艺超群，很快就由“营缮匠”提升为“营缮所丞”。从此，蒯祥由“匠”步入“吏”的行列，成为故宫项目的总设计师和总工程师。《皇明通纪》这样记载：“祥，吴县人，木工也。父福，能（主）大营缮，永乐中为木工首，以老告退。祥代之，营建北京宫殿。”

从普通木匠做成总工程师，放到现代这绝对是一个传奇版的励志故事。但是，时势造英雄，蒯祥正好赶上了一个超好的机会。在我国古代，自战国墨家以后，再无关于技术方面的专门学派，而无论官办还是民办学校，教的都是道德文章，技术学校就从来没有过。这导致广大的知识分子阶层虽然进能入庙堂之高兼治天下、退能守一方静室作锦绣文章，但对盖房子、修水利、造大船什么的具体工程，却大多都抓了瞎。而像木工、铁匠、泥瓦工、制陶工等广大的技术工人阶级，只有通过父子、师徒一对一的传授技术。元末明初战乱经年，各种能工巧匠更是凋零殆尽。在这样的环境下，懂得技术、见过世面、能负责大规模工程营造的工程师，还真是少之又少。能胜任紫禁城这样浩大项目的总工程师的更是凤毛麟角。这使得出身木匠世家、深得技术高超的“木工匠”父亲真传的蒯祥得以迅速地脱颖而出。

俗话说没有三两三，不敢上梁山。蒯祥虽然面临着极好的机遇，但大家不要忘了，这毕竟是紫禁城工程，天下能工巧匠齐聚一堂，大家谁没有两把刷子？要在这样的环境下迅速脱颖而出，并一举夺得总工程师的位置，其难度比千军万马过独木桥的高考可大得不止一点半点。然而，蒯祥不但是官二代，更是实力派。人家可不止有两把刷子这么简单——他有好几把刷子。民间一直流传着这样的故事：建造皇宫时，缅甸国向明朝进贡了一根巨木，朱棣下令把它做成大殿的门槛，但一个木匠一不小心锯短了一尺多。这位木匠吓得脸色惨白，慌忙向蒯祥报告。蒯祥看了以后让那个木匠再锯短一尺多，大家都感到惊愕。之后，蒯祥在门槛的两端雕琢了两个龙头，再在边上各镶上一颗珠子，还创新性地让门槛可以自由装卸。皇帝见了甚是欣喜，对他大为赞赏。这就是俗称的“金刚腿”（活门槛）的来源。据说蒯祥营建宫殿楼阁时，只需略加计算，便能画出设计图来，待施工完毕后，建筑与图样大小尺寸居然分毫不差。蒯祥的建筑造诣如此之高，皇帝“每每以蒯鲁班称之”，可见其技艺精深。

明永乐十八年（1420），故宫建成，但仅仅9个月后，就因雷击而失火，三大殿全被烧光。直到明英宗正统（1436—1449）年间，朝廷才重新修缮，据说负责此次修缮施工的仍是蒯祥。在南京博物院、北京故宫博物院以及台北故宫博物院，分别藏有一张珍贵的明代北京故宫立体建筑群图——《明宫城图》【图 7-1】。图上画有以现今天安门为前导的故宫建筑群。图的右下方，画着一位身穿明代官服的官员，他就是蒯祥。此后，蒯祥又取得了一连串重大的建筑成就，其仕

图 7-1《明宫城图》

途也不断晋升。成化二年（1466），蒯祥提升为工部左侍郎，其地位到达了生涯的巅峰。到了晚年，虽然辞官归隐，但每当有人向他请教营造工程的问题时，他都非常热心地给予指点。过去北京曾有一条蒯侍郎胡同，据说他就曾在那里住过。蒯祥的后代大多继承了他的技艺，直到晚清，仍有“江南木工巧匠，皆出香山”的说法。现今在苏州有蒯鲁班园，里面摆放有蒯祥的牌位，用以纪念他的成就。

另外，有专家提出，故宫的设计人应该是杨青。但他留下的资料更少，只知道是一名瓦工，据说连杨青这个名字都是朱棣赐的。还有人综合以上几种说法，认为在故宫初建时，蔡信、杨青都起了很大作用。但当时二人年事已高，所以在蒯祥进京以后，由于他年轻力壮，参与过南京宫殿的设计与建造，又善于计算和绘画，故而主要的设计与建造工作由他来完成，其地位和作用也就由此凸显出来了。李燮平研究员认为，宫殿的建造归根到底还是由朝廷官员来把关与决策，无论是蒯祥，还是蔡信、杨青，其实只是负责木、石、绘等具体工种而已。故宫是中国古代宫殿艺术的集大成之作，也是世界上最宏伟的宫殿建筑群之一。它凝聚了千万工匠和百姓的心血，对于今天的我们来说，它更像是几百年前建筑家们的一次盛大汇演，是中华民族集体智慧的展现。

二　样式雷

在 17 世纪末的清康熙二十二年（1683），一个祖籍江西永修的南方匠人雷发达带着他的堂弟雷发宣一起由江宁来到北京参加营造宫殿的工作。因他设计的作品技术极为高超，技术极为精湛，得到康熙帝的赏赐，并获得了官职。从他起到直到第七代雷廷昌在光绪末年逝世，雷家共有七代人为皇家进行宫殿、园囿、陵寝以及衙署、庙宇等设计和修建工程。因为雷家几代都是清廷样式房的掌案头目人——即首席建筑设计师，所以被世人尊称为“样式雷”。这其实是对清代 200 多年间主持皇家建筑设计的雷姓世家的誉称，可谓当时宫殿园林设计的潮流领导者了。

雷发达（1619—1694），他被认为是样式雷的鼻祖。在样式雷家族中，声誉最好，名气最大。最受朝廷赏识的应是第二代的雷金玉（1659—1729），他因修建圆明园而开始执掌样式房的工作，是雷家第一位任此职务的人。此后 200 余年为其几代子孙所继承，延续到清朝灭亡。康熙在《畅春园记》里曾经提到他非常牵挂一位杰出的匠师，即指雷金玉。雷金玉 70 岁时，蒙太子（弘历）赐书“古稀”匾额。朱启钤曾说：“样式房一业，终清之事，最有声于匠家亦自金玉始。”第三代雷声征（1729—1792），是雷金玉的幼子，生活在乾隆盛世，对京城西郊的皇家园林“三山五园”有所贡献。第四代雷家玺（1764—1825），是雷声征次子。他与长兄雷家玮（1758—1845）、三弟雷家瑞（1770—1830）一起供职工部样式房。雷家玺是三兄弟中的翘楚，先后承办乾隆、嘉庆两朝的营造业，操办宁寿宫花园工程、设计嘉庆陵寝工程等。他们形成了第四代样式雷最为强大的阵容。第五代雷景修（1803—1866），雷家玺第三子。他在道光二十九年（1849），凭借着自己丰富的建筑经验和卓越的才能，争回了祖传样式房掌案之职。他修宗谱，建祖坟，聚集了样式雷图档整整三间房屋。样式雷图档之所以流传至今日，雷景修功不可没。第六代雷思起（1826—1876），是雷景修三子，第七代雷廷昌（1845—1907），雷思起长子。同治十三年（1874）重修圆明园，雷思起与其子雷廷昌因进呈所设计的园庭工程图样得蒙皇帝召见5次。雷廷昌还独立承担设计营造同治惠陵、慈安和慈禧太后的定东陵、光绪帝的崇陵等项大型陵寝工程。样式雷也于雷思起雷廷昌父子两代闻名遐迩，地位更加显赫。

“样式雷”建筑世家经过七代人的智慧和汗水，留下了众多伟大的古建作品，也为中国乃至世界留下了一笔宝贵的财富。“样式雷”的作品非常多，包括故宫、北海、中海、南海、圆明园、万春园、颐和园、静宜园、景山、天坛、清东陵、清西陵等。这其中有宫殿、园林、坛庙、陵寝，也有京城大量的衙署、王府、私宅以及御道、河堤，还有彩画、瓷砖、珐琅、景泰蓝等，此外，还有承德避暑山庄、杭州的行宫等著名皇家建筑。总之，占据了中国五分之一世界遗产的建筑设计，都出自雷家人之手，太彪悍了。“样式雷”的作品非常讲究选址，还注重建筑位置的科学性与环境的谐调性，既令二者巧妙配合，又显示中国建筑群的变化布局艺术。比如样式雷的作品轴线感特别强，我们到东陵可以看那里的景物和建筑是相互对应的。每走一步你都会发现，建筑和环境紧密结合在一起，实现了真正的“天人合一”。

雷氏建筑世家不但为清代皇家建筑立下了汗马功劳，也留下了不计其数、极为珍贵的建筑史料，被称作“样式雷图档”【图 7-2】，现分别收存于北京故宫博物院、中国国家图书馆、中国第一历史档案馆、清华大学建筑学院资料室、首都图书馆、北京大学图书馆以及社科院图书馆等，也有一部分已流失国外。样式雷图档包括的内容十分丰富，最大量的是各个阶段的设计图纸，还有相当于施工设计说明的《工程做法》、随工日记等，它们涵盖了清代皇家建筑规划、设计和施工各个阶段的详细情况，是中国古代建筑史上最翔实、最直观的资料。2007 年 6 月 20 日，样式雷图档所遗存的两万多张图纸被联合国教科文组织列入为《世界记忆名录》。

图 7-2 圆明三园样式雷史料

烫样是流传至今的样式雷图档中重要的组成部分。雷氏家族设计建筑设计方案，都按1/100或1/200比例先制作模型小样进呈内廷，

以供审定。模型用草纸板热压制成，故名烫样。其台基、瓦顶、柱枋、门窗以及床榻桌椅、屏风纱橱等均按比例制成。其实，烫样就是一个建筑模型实物图，从里到外一目了然。烫样既可以自由拆卸,也能够灵活组装。雷氏家族烫样【图 7–3】独树一帜，是了解清代建筑和设计程序的重要资料。故宫收藏的 83 件烫样由于在当时主要是为呈给皇帝审阅而制作，因而形象逼真，数据准确，具有极高的历史价值。

样式雷氏在清中后期，又常负责陵寝工程的设计。雷家玺设计嘉庆昌陵，雷思起设计咸丰定陵，雷廷昌设计同治惠陵及慈安太后陵、慈禧太后陵，并成功地解决了难度很大的地下宫殿主室——金券合拢等问题，达到了很高技术水平。另外，在战乱年间，雷家人还从事了大量皇家建筑的修复工作。八国联军入侵时，北京城和城内外各类皇家建筑再度遭到破坏，雷廷昌及雷献彩

图 7–3 样式雷烫样——天地一家春

主持了大规模修复、重建工程，如北京正阳门及箭楼等城楼、大高玄殿、中南海等。

总之，这个活跃在清朝舞台上 200 多年的传奇家族为中国古代建筑做出了巨大贡献，他们的建筑活动在中国建筑史上留下了永存的纪念。

第二节 匾额楹联

匾额一般是指悬挂在屋檐下门上方的题字，也称为门额。许多匾额的四周边框上，雕饰各种龙凤、花卉、图案花纹。有的镶嵌珠玉，极尽华丽之能事。楹联是挂在柱子上的对联。传统匾额楹联是中华文化独特的精品，把中国古老文化流传中的辞赋诗文、书法篆刻、建筑艺术融为一体，集字、印、雕、色的大成，以其凝练的诗文、精湛的书法、深远的寓意指点江山，评述人物，成为中华文化园地中的一朵奇葩。匾联应用于建筑艺术中，是以文学为媒介直言建筑所要表达的主题，犹如给堂皇建筑添上典雅的一笔。

宫殿门额上一般都篆刻书写着各自的名称。综观历朝以来浩如烟海的各式宫殿之命名，我们大致可以概括出以下几类：有以所在地名命名的，如秦之咸阳，汉之甘泉宫，隋之江都宫等；有以所在方位命名的，如汉之北宫，隋之东宫等；有以祥瑞动植物命名的，如汉之桂宫，隋之凤泉宫，唐之芙蓉园等；有以吉祥谶言命名的，如秦之兴乐宫，汉之长乐宫、未央宫，隋之福阳宫、太平宫、宜寿宫、长春宫、歧阳宫，唐之承乾殿等；有以君王治国愿望命名的，如隋之兴德宫，唐之武德殿，宋之崇文殿等。凡此种种，可谓包罗万象，五花八门，却又无一不匠心独运，体现出了历代皇室深厚的文化底蕴。

而作为皇帝居所的正宫，其命名往往包含着君王的治国思想或宏伟愿望，体现出帝王气派。

长乐、未央两宫作为西汉诸帝的日常起居和办公场所，几成大汉帝国强盛之标识。其名字之由来，更揭示了这一伟大帝国兴盛之源。汉高祖五年（前 202），汉室于秦兴乐宫基础上兴建长乐宫。高祖七年，长乐宫成，高祖乃命丞相萧何于秦章台基础上兴建未央宫。近些年来，在两宫遗址、西汉帝陵的考古发掘中出土了大量撰有“长乐未央”“长生无极”等字样的瓦当。清代冯云鹏在《金石索·石索六》中也指出：“‘长乐未央’，此长东宫瓦。”无论从工程的连续性还是两宫建筑遗物单的一致性来看，两宫之名含义不言而喻——即为“长乐未央”一句各取前后二字，乃道家思想之体现，同时寓有天下长治久安、人民永远安居乐业之意。西汉初年黄老思想盛行，文景二帝更是奉行道家无为而治的策略。西汉史游所著《急就篇》这一儿童识字的启蒙教材中都有“长乐无极老复丁”之言，可见西汉时期道家思想已深入人心。而正是汉初六十多年无为之治、与民休息的国策，使得华夏抚平了两百多年战国到秦末战乱的创伤，人口和经济均得到大幅增长，为汉帝国灿烂的文治武功和四百年长久江山奠定了坚实的基础。

相比于汉高祖以“长乐未央”告诫子孙与民修养的良苦用心，唐太宗对大明宫的命名，民间却流传有相当戏剧性色彩的传说。唐贞观八年（634），太宗为太上皇兴建永安宫。据说修建之时，于地基之中挖出一面巨大的秦代宝镜，光芒四射，工匠遂上呈唐太宗。众臣以为得此宝物乃大吉，纷纷恭贺太宗，太宗却说：“夫以铜为镜，可以正衣冠；以古为镜，可以知兴替；以人为镜，可以明得失。朕要此镜何用？朕得魏征已胜于秦镜千倍万倍了！为记今日君臣们明镜之会，朕特改此永安宫为大明宫！”这一故事虽为轶闻，却借大明宫传诵了一段君臣相知的佳话，也点出了贞观之治时清明盛世之由来。这与“长乐未央”带来大汉的文景之治一样，是否只是一种历史的巧合呢？

比起“长乐未央”和堂皇“大明”带来的汉唐两代无与伦比的辉煌，另一座宫殿却以其极富悲剧性的命运，阐述了一位伟大帝王短暂的万世伟业之梦，它就是空前绝后的传奇宫殿阿房宫【图 7–4】。

谈到阿房宫名字的由来，一个说法是，阿为近的意思，因其位置在咸阳旁边，故名阿房，意为“咸阳附近的宫殿”。也有人认为因为其规模宏大，四阿（即四周）旁广，乃名阿房宫，意为“规模宏大的宫殿”。我们也可从太史公的记载中找到原因。《始皇本纪》三十五年条：“乃营作朝宫渭南上林苑中。先作前殿阿房……”这里的“阿房”是“近旁”“旁边”之意。这句话按照字面意思理解，是说：“（始皇帝）于是在渭水南岸的上林苑中修建朝宫，先在旁边修建前殿。”我们知道，中国古代的宫殿建造之前必有严整的整体规划。自周以来，前朝后寝的布局开始成为宫殿建设之定制。既然在整个上林苑范围内规划宫殿，将前殿修在地块的边缘位置，中间则为主体宫室留出建设空间，是必然的。“……阿房宫未成；成，欲更择令名名之。作宫阿房，故天下谓之阿房宫。”可见阿房宫只是一个临时代号，因其宫室未成，临时以所在之地暂时命名。而“阿房”也并不是一个实际地名，它只是上林苑整个地块中的一个相对所指，其意义和我们现在很多大型小区建设中规划的 A 区、B 区或者 1 期地块、2 期地块没有本质区别。关于阿房宫的命名，还有一个浪漫

图 7-4 阿房宫图

的爱情故事。传说秦王嬴政爱上过一个美丽的民间女子，芳名就叫阿房，但这段美丽的爱情终究没有换来完美的结局。为了纪念这位他深爱过的女子，秦始皇不惜耗费巨大的人力物力修建了极度奢华的阿房宫。当然，这只是民间一个传奇故事。兴建新宫这一行为应当是始皇帝置天下郡县、统一文字和度量衡、修建长城等为巩固其统治、

实现万世基业的一系列政策中的一个。

公元前 206 年，项羽攻破咸阳，焚阿房宫，大火三月不灭。始皇帝的万世宫阙，尚未建成就成了一片灰烬。空前绝后的阿房宫，和始皇帝开创的大秦帝国一道，经历过短暂的辉煌后，便转瞬消失在了历史的长河之中。始皇帝扫平六合、开疆扩土、创立帝制，一生功勋却终为汉朝做了嫁衣。千秋万世，恍如南柯一梦。莫非始皇帝早就预知了阿房宫的命运，所以连起名字都省了，仅以“阿房”这一临时代号代替？帝国新宫前殿用临时代号，又是否暗合了秦朝也只是华夏由封建国家向帝国时代的一个临时过渡王朝？仓促未名的宫殿对应短命的王朝，帝心独运的宫名见证了辉煌的帝国，这些巧合，冥冥之中，是否有天数主宰？历史总是充满了许多的偶然，却又坚定地按照自己的轨迹运行。抑或是因为吸取了秦人阿房宫这一不祥做法的教训，后世帝王每欲建宫殿之前，必先慎选其名，而后建之。这一习俗影响深远，乃至现今的地产开发商们依旧奉行不逾——地皮刚买下，规划设计的第一步，就是给楼盘起一个响当当的名字！

俱往矣！不论大家缅怀也好，感叹也罢，那些历史上恢宏的宫殿都已离我们远去，化作了历史的尘埃。其内布置陈设之辉煌壮丽，我们只能从各种历史文献、传世画卷中窥知一斑，并尽可能地发挥我们的想象了。而今我们唯一看得见摸得着的，就只有历经两朝 24 帝、屹立于北京城中 500 多年的故宫。

故宫作为明清两朝的皇宫，保留下来的匾额楹联异常丰富。在紫禁城内，各门、殿、宫、楼、亭、阁、轩、堂、斋、馆、屋等建筑实体一般都题有匾联。与以往历朝门额的最大不同是，故宫内每块门额均用满汉双语书写！看来清政府堪称奉行官方双语教育的先驱者。由于宫殿内各建筑使用功能上的差异，匾联的内容与风格也不尽相同。外朝的三大殿、乾清宫、养心殿正殿等处的匾联主要强调的是皇帝应遵循天道和祖训，遵从儒家治国的施政之道。而内廷如交泰殿、坤宁宫等处匾联多强调如意福寿，多子多福；御花园、宁寿宫等处的匾联则多以美景诗情表现闲适的生活。

清代紫禁城门额“天安门”，取“受命于天，安邦治民”之义；皇帝寝宫门额“乾清宫”，皇后寝宫门额“坤宁宫”，东有“日精门”，西有“月华门”；紫禁城北门额“神武门”，原名玄武，取四象中玄武名，清为避康熙帝讳改今名。以上数例，均是以建筑题名表达“象天立宫”之意。

前朝三大殿“太和”“中和”“保和”殿额，出自《易》《礼记》《道德经》等古籍，大意是说保持宇宙间和谐关系，万事万物就能各得其所，强调以中庸之道维持封建秩序，保持国家长治久安。如“中和”二字取自《礼记·中庸》“中也者，天下之大本也；和也者，天下之达道也”之意。“保和”其意为“志不外驰恬神守志”。三大殿内的匾联内容也与之相呼应。

太和殿内乾隆帝御笔楹联曰：“帝命式于九围，兹惟艰哉，奈何弗敬；天心佑夫一德，永保

图 7-5 中和殿内楹联

言之，遹求厥宁。”大意是天帝任命君主治理天下，这么艰难的事情，怎能不心怀诚敬？天心保佑纯一的美德，君王永远遵循此道，希望天下长享太平。匾额曰“建极绥猷”，大意是建立中正之道，功业宏伟。

中和殿内乾隆帝御笔楹联【图 7-5】曰：“时乘六龙以御天，所其无逸；用敷五福而锡极，彰厥有常。”此联是说太阳驾六龙在天空中运行，不能过分追求安逸；人君因布五福而获得人民拥戴，必须遵守规律。匾额曰“允执厥中”，意为要遵循古君王之道即诚实地保持中道政治。

保和殿内乾隆帝御笔楹联【图 7-6】曰：“祖

训昭垂，我后嗣子孙尚克钦承有永；天心降鉴，惟万方臣庶当思容保无疆。”大意是祖训昭示，我后代子孙要永远认真执行；天心降意，只有众臣都有无疆的品德才能教化和保育人民。匾额曰“皇建有极”，即建立中道。

内廷以乾清宫、交泰殿、坤宁宫后三宫为中心，两翼为养心殿、东西六宫、斋宫、毓庆宫，后有御花园，是封建帝王与后妃居住之所。内廷东部的宁寿宫是当年乾隆皇帝退位后养老而修建。内廷西部有慈宁宫、寿安宫等，此外还有重

图 7-6 保和殿内楹联

华宫、北五所等建筑。

内廷后三宫乾清宫、交泰殿、坤宁宫的殿额大意则是天地交感，帝后和睦；上下交感，君臣一致；天清地宁，国家得治。

乾清宫殿额的“乾”是“天”的意思，“清”是“透彻”的意思，一是象征透彻的天空，不浑不浊，象征国家安定；二是象征皇帝的所作所为像清澈的天空一样坦坦荡荡。宫内楹联【图 7–7】“表正万邦，慎厥身修思永；弘敷五典，无轻民事维艰。”大意是在万国中表率，谨慎约束自己，才能永保天下；广泛宣传五常伦理，只有不轻视对百姓的统治。匾额“正大光明”，希望皇帝修

图 7–7 乾清宫内楹联

身治国要正直无私、光明磊落。

交泰殿的殿名取自《易经》，寓乾坤相交、天地和会、国家上下风化相通、长治久安之意。殿为康熙皇帝的御制匾“无为”二字，其理通于儒、道两家，意在告诫帝王顺行天道，与民休息。乾隆皇帝御笔联：“恒久咸和，迓天庥而滋至；关雎麟趾，立王化之始基。”意思是能秉持恒久交和之道，迎受天赐，福佑才会降临；奉行淑德仁厚之教，树立教化，基业才能万代相传。

与乾清宫代表阳相对，坤宁宫代表的是阴。帝后所居宫殿用乾坤命名，用以表示阴阳结合，天地合璧之意。坤宁宫匾额“日升月恒”，意思是像太阳一样升临高空，像月亮一样正趋满盈。楹联：“天惟纯佑命，俾尔戬谷，百禄是荷；民其敕懋和，绥以多福，万寿无疆。”意思是上天只佑助有德之君，让他为政皆善，承负百多福气。人民只服从有道之王，庇佑他平安多福，万寿无疆。

养心殿东临乾清宫，南倚西六宫区，北通乾清门广场西南隅的军机处。清代自雍正帝以后，养心殿成为宫中帝王最主要的寝宫和政务中心，共有 8 个皇帝在这里居住和处理政务。养心殿中除了匾联外，还有箴铭，都反映了清代皇帝的治国之道和安身立命的准则。雍正皇帝为清代理政最勤的君主，养心殿正殿内堂中上高悬雍正皇帝御书的匾额“中正仁和”；西暖阁北墙上悬挂着他题写的匾额【图 7–8】“勤政亲贤”；东暖阁内还悬挂着他的圣训：“敬天法祖，勤政亲贤。爱民择吏，除暴安良。勿过宽柔，勿过严猛。同气至亲，实为一体。诚心友爱，休戚相关。时闻正言，日行正事。勿为小人所诱，勿为邪说所惑。祖宗所遗之宗室宜亲，国家所用之贤良宜保。自然和气致祥，绵宗社万年之庆。”这些都反映了清王朝统治思想中永不变更之根本。养心殿在宫禁中位置便利，殿内空间布局小巧而功能集中，厅堂、

图 7–8 养心殿西暖阁内的匾额

书房、寝室以及分别用来批阅奏折、密谈、憩休、礼佛的小室等一应俱全，比大殿宇更宜于宵衣旰食的君主周旋其间，是清代皇帝高度集权的政治体制下的中心场所。正因为这样，殿内遗留的皇帝御书的匾联箴铭最为丰富，也正是通过它们集中反映出清代皇权统治思想的宗旨。

第三节 “文心雕龙”

皇家宫殿富丽堂皇，神秘庄严，作为皇权特殊的载体，备受历代文人的青睐，因而历代都留下了不少文学名篇。《文心雕龙》是中国南朝文学理论家刘勰创作的一部文学理论著作，本与歌颂宫殿建筑无关，但“文心雕龙”四个字，却能将下面我们要谈的内容概括得淋漓尽致——那些恢宏壮丽的历代宫殿，不正是真龙天子们的代表么？而刻画他们的那些耳熟能详的千古名篇，不正是历代才子的“文心”佳作么？

秦王扫六合，虎视何雄哉！作为万代景仰、开创中华两千年帝国时代的伟大君主，始皇帝自古誉满天下，亦谤满天下。而修建阿房宫，徒耗大秦国力，无疑是其后世所诟病的重要“暴政”之一。阿房宫，这一座未建成就毁于战火、甚至连正式的名字都没有的宫殿，却因其伟大的主人、恢宏的规模、悲剧的命运而具有了无与伦比的传奇的色彩，两千多年来赢得无数骚客佳篇连椟。其中最具代表性的，就是唐朝杜牧所作之《阿房宫赋》，赋中描写了秦朝阿房宫建筑的奢华："覆压三百余里，隔离天日。骊山北构而西折，直走咸阳。二川溶溶，流入宫墙。五步一楼，十步一阁。廊腰缦回，檐牙高啄。各抱地势，钩心斗角。盘盘焉，囷囷焉，蜂房水涡，矗不知其几千万落。长桥卧波，未云何龙？复道行空，不霁何虹？高低冥迷，不知西东。歌台暖响，春光融融。舞殿冷袖，风雨凄凄。一日之内，一宫之间，而气候不齐。"

而在此之前，早在南北朝时期，鲍照就曾作《拟行路难》借阿房宫的命运感叹、明志曰："君不见柏梁台，今日丘墟生草莱。君不见阿房宫，寒云泽雉栖其中。歌妓舞女今谁在？高坟垒垒满山隅。长袖纷纷徒竞世，非我昔时千金躯。随酒逐乐任意去，莫令含叹下黄垆。"

北宋名臣、大诗人范仲淹、苏轼、王安石等人也纷纷作有佳作传世。直至明代，诗人徐震还作《咸阳怀古》祭奠这座传奇的宫殿和始皇帝未遂的千秋霸业之梦，其诗曰："阿房宫殿对南山，阁道萦回霄汉间。伯业终随烽火尽，游魂俄载属车还。三千童女空浮海，十万貔貅已入关。留得当年遗恨在，长城血泪土犹斑。"

这就是阿房宫，一座两千多年来最传奇的宫殿！

描写两汉宫室中比较有名的有东汉班固的《两都赋》、张衡的《二京赋》、左思的《三都赋》、王延寿的《鲁灵光殿赋》、扬雄的《甘泉赋》等。

《两都赋》是汉代文学家、史学家班固创作的大赋，分《西都赋》《东都赋》两篇，描写了西汉皇宫的壮丽华美。《二京赋》是张衡赋作中的代表。《二京赋》包括《西京赋》《东京赋》两篇。二京，指汉的西京长安与东京洛阳。《二京赋》气魄浩大，赋文激情洋溢，辞藻富丽、华美而铺张，极尽夸张之能事，篇幅宏大，内容丰富。《东京赋》中描写出了洛阳城中宫阙之巍峨、飞阁之华美、楼榭之宏伟、湖苑之壮丽、江山之雄峻、城市之繁荣、商业之繁荣、物产之丰饶、服饰之华丽，无处无地极尽奢华艳绝、巧夺天工的图景。赋中以泼墨丹青的手笔由面入点、以点带面，书宫殿飞檐富丽堂皇，写楼台游苑曲径通幽，画飞鸟鸣泉有声有色。通篇写景状物，动中有静、静中有动，栩栩如生，跃然纸上，且聚散有致，层次鲜明，语言清新，言简意赅，显示了极高的文学成就。

从这些文学佳作里，既可以看出汉代都城和宫廷建筑艺术水平之高，也客观地反映了汉帝国的富裕和强大。

作为见证了煌煌大唐的兴衰的最重要的政

治活动中心，大明宫【图 7–9】当仁不让成为唐代诗人屡屡称颂的焦点。

唐肃宗至德二年（757）秋，郭子仪率领的唐军打败安史叛军，收复了首都长安。次年春，即乾元元年（758）春天，唐朝廷有了一点中兴的气象。此时，诗人贾至、王维、岑参和杜甫，彼此唱和写了一组关于大明宫的诗篇。诗由贾至开篇，其他人则奉和，格式都采用典雅的七律。

早朝大明宫呈两省僚友

贾　至

银烛朝天紫陌长，禁城春色晓苍苍。
千条弱柳垂青琐，百啭流莺绕建章。
剑佩声随玉墀步，衣冠自惹御炉香。
共沐恩波凤池里，朝朝染翰侍君王。

贾至的《早朝大明宫呈两省僚友》诗写出

图 7–9 大明宫

后，起了“抛砖引玉”的作用，随之由王维、岑参和杜甫写的和诗，艺术水平都比贾诗要高。其中尤以王维和岑参的作品更为世人屡屡称道。

和贾至舍人早朝大明宫之作

王 维

绛帻鸡人报晓筹，尚衣方进翠云裘。
九天阊阖开宫殿，万国衣冠拜冕旒。
日色才临仙掌动，香烟欲傍衮龙浮。
朝罢须裁五色诏，佩声归到凤池头。

和贾至舍人早朝大明宫之作

岑 参

鸡鸣紫陌曙光寒，莺啭皇州春色阑。
金阙晓钟开万户，玉阶仙仗拥千官。
花迎剑佩星初落，柳拂旌旗露未干。
独有凤凰池上客，阳春一曲和皆难。

在大明宫北部，有一个面积约16万平方米的水池，这就是著名的太液池，又名蓬莱池。诗人白居易在名诗《长恨歌》中有“太液芙蓉未央柳”的句子，说明太液池中荷花长得非常茂盛。在太液池中央，原有土堆成的小岛，按大海中的神山取名为蓬莱山，山上建有太液亭。

结 语

中国历史上王朝的更迭带来了政治中心的多元化，许多城市都曾经修筑过具有政治意义的宫殿，如安阳、洛阳、西安、南京、开封、杭州、北京、沈阳、杭州等地都修筑有别具风格的宫殿。此外，中华大地许多流行的文化信仰如孔孟的儒家学说、老庄的道家学说、释迦牟尼的佛教学说，还有许多“不入流”的民间信仰等，造就了无数的精神崇拜，那些供奉精神崇拜之处也叫作宫殿。

宫殿不仅体现了农耕文明特征，而且还部分地体现了游牧文明特征。通观中国各地的宫殿，样式较为单一，多是相同的类型；宫殿的形制也基本上都是高墙大院，对外的墙体一般都没有窗，或者只有很小的窗，或者是窗在很高处，从窗子的设置便可见农耕文明的保守性与封闭性。

与中华文明重视整体性一样，宫殿也崇尚建

筑的整体效应，规模宏大。为了体现“九五”之尊，宫殿一般居于偏后的、高敞的位置，具有深藏与俯视的特点。从北宋开始，为了强化行政中心的权威性与安全性，宫城皆处在都城之中，四面为城区所包围起，如北宋开封城、金中都、元大都城、明清北京城。

中华民族有尚中的传统，在宫殿文化中表现得尤为突出。中国古代的宫殿常以中轴对称、规整谨严、格局周密为特征。在都城中，大多以大型宫殿为中心，然后层层向四周辐射。具有政治主导作用的宫殿在中轴线的中心，许多的次要宫殿有序环绕。宫城之外有皇城，皇城之外有廓城。城套城，水连水，士农工商各阶层紧紧围绕着皇帝，主次分明，尊卑有序，形成环抱有情的格局。

但是，这种格局有一个演进的过程，唐代则是其分水岭。春秋至汉代时，都城内有多座宫殿，宫殿之间有居民区；自曹魏邺城起，宫殿集中于都城北部，同居民区隔开，宫前干道两侧布置衙署，形成都城的南北轴线；到唐代，长安城则变成宫城在全城中轴线上，后来的宋汴梁城、元大都城、明清北京城都继承了这种格局。如故宫是沿着一条南北向中轴线排列，三大殿、后三宫、御花园都位于这条中轴线上。南北取直，左右对称。这条中轴线不仅贯穿在紫禁城内，而且南达永定门，北到鼓楼、钟楼，贯穿了整个城市，规划严整。

中国古代宫殿尊崇黄红二色。在五行学说中，黄色居中，是贵色；红色最有活力。故宫的颜色是红色与黄色，这被称为贵色、尊色，只有统治者上层才能使用到住宅中。故宫宫殿建筑是黄琉璃瓦顶，饰以金碧辉煌的彩画；而普通民众居住的建筑只能用白色或灰色，这种颜色观念在一定程度上体现了黄土农耕文明的心理特征。

“天尊地卑，乾坤定矣”，观宫殿，知礼仪。中华古代文明非常重视等级尊卑观念，宫殿就是集中的体现，皇帝的宫殿与其他侯王的宫殿是有区别的。时下中华大地保存的宫殿之中，故宫的等级最高。从形制而言，如故宫的正门叫“午门”，正中有重楼，是9间面宽的大殿，重檐庑殿顶，在左右伸出两阙城墙上。这种形状的门楼称为“阙门”，是中国古代大门中最高级的形式。

从功能运用而言，故宫午门当中的正门平时只有皇帝才可以出入，皇帝大婚时皇后进一次，文武大臣进出东侧门，宗室王公出入西侧门。从文化寓意方面而言，在各种文化隐喻之中，龙是最高的等级。中国人自称是龙的传人，而中华文明被称为是龙的文明。龙被赋予了许多文化内涵，成为一种至高无上的崇拜。皇帝被称为龙的化身，所以在故宫可以称为“龙的世界”。

此外，宫殿还具有有极大的历史价值，它是过去的记忆，文化的活化石。首先，宫殿展示了先民的杰出智慧。每一个宫殿工程，都需要设计者们反复踏勘、精心设计。其次，宫殿是历史的教科书。人们从宫殿可以了解古代政治的变迁、历代帝王的奢侈和朝代兴衰规律，甚至是东西方文明间的碰撞。清末庚子年间，八国联军进入北京，蹂躏紫禁城，放火焚毁了万园之园——圆明园，是中华民族刻骨铭心的伤痕。

一部宫殿史，就是一部中华文明兴衰史。每一个朝代的宫殿都有时代的烙印，都是特定政治的符号。从文明史的角度审视，不难发现，宫殿是文明史的一部分，宫殿是人类文明的结晶，也是文明的重要遗产，同时还是取之不尽的旅游资源。

总之，宫殿文化是中华文化的重要元素，是历史最闪烁的遗存。当我们穿越时光隧道，漫步宫殿文化的长廊，领悟宫殿与中华文化的关系时，就能领略宫殿文化的丰富内涵，获取充满奇趣的正能量，探索中华文化的无穷奥秘！

参考文献

1. 赵立瀛，何融：《中国宫殿建筑》，北京：中国建筑工业出版社，1992 年。

2. 萧默等著：《中国建筑艺术史》，北京：文物出版社，1999 年。

3. 王玉德主编：《中国宫廷文化集观》，长沙：长江文艺出版社，2000 年。

4. 乔匀等著：《中国古代建筑》，新世界出版社、耶鲁大学出版社，2002 年。

5. 梁思成：《中国建筑史》，南昌：百花文艺出版社，2005 年。

6. 刘敦桢：《中国古代建筑史》（第二版），北京：中国建筑工业出版社，2008 年。

7. 雷从云等著：《中国宫殿史》（修订本），南昌：百花文艺出版社，2008 年。

8. 宿白：《中国古建筑考古》，北京：文物出版社，

2009 年。
9. 王其钧：《中外建筑图解字典全书》，北京：机械工业出版社，2009 年
10. 方拥：《中国传统建筑十五讲》北京：北京大学出版社，2010 年
11. 刘庆柱主编：《中国考古发现与研究（1949-2009）》，北京：人民出版社，2010 年。
12. 冯天瑜等：《中华文化史》（第三版），上海：上海人民出版社，2010 年。
13. 贾洪波：《中国古代建筑》，天津：南开大学出版社，2010 年。
14. 楼庆西：《中国古代建筑装饰五书》，北京：清华大学出版社，2011 年。

后　记

说到中华文化元素，不能不论及宫殿。宫殿不仅仅是砖石叠加的建筑，更重要的是多重文化的结晶，其中包含了哲学、伦理、科技、民俗等，特别是其中渗透着政治元素，反映了文明共同体的发展水平与特征。中华古代的宫殿尤其如此，是最有文化内涵的综合体，是权威文化的凝结，是文明发展的地标。当本丛书的主编邀请我们撰写此书时，我们深感选题的分量与意义。

说到宫殿，我们平时都能说出一些感受，可以侃侃而谈几个小时。但是，一旦要从文化元素的角度写出对宫殿的真知灼见，甚至还要用通俗的文笔写出来,就不那么容易了。尽管如此为难，但当我们接受了写作任务之后，就把它当作学习与研究的机会。幸好，我们两人都在华中师范大学历史文化学院工作，因而可以经常相互切磋。

王玉德长期从事历史文献与传统文化的研究，傅玥从事考古学与建筑学方面的研究，各有所长，可以互补。过去，由于专业的原因，我们的写作文风都较为呆板，这次，我们尽量做了改进。宫殿建筑庄严规整、华丽宏阔的特点，也为我们的语言风格定下了基调。此书的分工，由王玉德撰写本书的前言、第一章和第五章，其他各章由傅玥撰写，结语部分由二人共同完成。傅玥还负责大纲的草拟以及图片的搜集。王玉德做了统稿工作。本书写作中参考和采用了一些资料与图片，包括梁思成《中国建筑史》、乔匀等《中国古代建筑》、萧默等《中国建筑艺术史》、雷从云等《中国宫殿史》、楼庆西《中国古代建筑装饰五书》等，由于编写体例的统一要求，未能一一作注，敬请见谅，并谨致谢忱。图片除参考文献，还需要特别感谢尹阳朔博士提供的精美照片。

本书所论及的宫殿，侧重于政治层面的宫殿，当然会涉及精神与民俗层面的宫殿。写作的顺序是先从宫殿源流作了概括，然后按宫殿文化的具体内容分别介绍，这样试图体现宫殿的“元素”性。这里需要补充说明的是：书中说了许多对宫殿加以肯定的观点，对负面的内容涉及较少。其实，中国古代宫殿文化也有许多值得反思的地方。史书记载，宋太祖赵匡胤灭掉蜀国之后，把后蜀的花蕊夫人押送到汴京，问蜀国如何灭亡得如此之速。花蕊夫人随口说了一首诗，道出了后蜀君臣的昏庸：“君王城上竖降旗，妾在深宫那得知？十四万人齐解甲，更无一个是男儿。”可见，宫殿既是文明的成就，也是文明演迁的见证，甚至是悲哀。我们绝不能陶醉在古代宫殿的成就上自满而停滞不前。

在交稿之际，我们盼望本书有利于读者对宫殿的认识，有利于读者认识我们中华传统文化，有利于当代文化旅游的保护与开发。还需要特别说明的是，由于学养有限，本书或许还有一些欠妥之处，敬请读者不吝指正。

王玉德
2016 年 10 月
完成于武汉